法律って**意外**とおもしろい!!

法律トリビア大集合

第一法規 法律トリビア研究会 編著

第一法規

はしがき

　「法律」の文章というと、どんな印象を持たれますか?
　とっつきにくい、分かりにくい、難しい……。
　でも、色々な法律を見ていると、おもしろい発見がたくさんあります。
　例えば、
　・法律の中に「恋愛」という言葉が出てくる!?
　・トイレについて語る法律がある!?
　などなど。
　いったいどんなふうに書かれているのでしょうか。
　みなさんにも、法律の文章の持つ不思議な魅力を知ってほしい!と思い、私たち「第一法規」は、アメーバブログ(アメブロ)で「法律トリビア」というブログを開設し、法律にまつわる様々なトリビアをご紹介しています。
　このたび、ブログに掲載した中から厳選した記事に、新しいトリビアを加えて、出版することになりました。
　みなさんに「法律って意外とおもしろい!」と思っていただければ幸いです。

2017年2月
　　　　　　　　　第一法規　法律トリビア研究会

CONTENTS

はしがき

第1章 「すいか」は「メロン」 法律に登場するこんな"決まり" …… 1

1 法律には、こんなことも書かれている

国民は、看護師に感謝する義務がある …… 2
火事を見つけたら、通報する義務がある …… 5
法律が「恋愛」を語ると …… 8
法律が求めるお酒の飲み方 …… 12
法律に名前が書かれている、あの文豪 …… 14
「必ず」しなければならないことが3つある …… 17
巨額のお金を扱う法律 …… 20
「棒」にも定義がある …… 22
「マイナンバー法」 正式名称は …… 25

2 あの"決まり"、どこに書かれている？

消費税の税率 …… 28
預金のペイオフ、1,000万円 …… 31
首都は東京 …… 33
名前に使える文字 …… 36
5年に一度、国勢調査 …… 39

目 次

　　人間国宝 ……………………………………… 43
　　救急車が来たら、左に寄りましょう ……… 47

3　法律に登場する身近な言葉

　　「臘虎膃肭獣猟獲取締法」何と読む？ …… 51
　　「北極」vs「南極」 ………………………… 53
　　「犬」vs「猫」 ……………………………… 56
　　「サッカー」vs「野球」 …………………… 61
　　「すいか」は「メロン」 …………………… 65
　　何歳まで「子ども」？ ……………………… 69
　　何歳から「高齢者」？ ……………………… 73
　　麻雀、マージャン、まあじゃん …………… 76
　　「電子メール」も法律に登場 ……………… 78
　　「ドローン」もやってきた ………………… 80
　　法律にも「IOT」（インターネット・オブ・シングス）の波が ……………………………… 85
　　「AI」も法律を無視できない ……………… 87

iii

第2章 トイレからオリンピックまで この世は法律でできている ……… 89

1 社会のここにも法律が

トイレと法律 ……… 90
「お年玉」はいくらまで？ ……… 94
仏像は法律で守られている ……… 96
温泉と法律 ……… 98
アイスクリームと法律 ……… 102
「心配」や「悩み」はないが、「懸念」はある … 105
オリンピックと法律① ……… 110
オリンピックと法律② ……… 114
法律で定められている記念日 ……… 118
「市制施行」の「市制」とは① ……… 123
「市制施行」の「市制」とは② ……… 127

2 ようこそ、「法鉄」の世界へ

鉄道開業当時、どんな決まりがあった？ ……… 132
「鉄道」という言葉が登場する法律 ……… 136
法律に登場する鉄道関係の物品あれこれ ……… 140
鉄道事業を運営するには①〜鉄道事業法 ……… 145
鉄道事業を運営するには②〜鉄道営業法 ……… 150

3　法律で全国めぐり

法律に最も多く登場する都道府県は？ ………… 154
都道府県の境界は法律にどう書かれている？ … 158

第3章　「法律」じゃないけれど「法律」ちょっと意外な法律の"ルール" … 161

1　法律にまつわるこんなルール

日本国憲法の最後には、何が書いてある？ …… 162
法律の条文に著作権はある？ ………………………… 166
法律を廃止するときも、法律を作る ……………… 168
住民投票で決まる法律 …………………………………… 170

2　見つけた！レアもの法律

1月1日に公布された法律 ……………………………… 174
「法律」じゃないけれど「法律」 ……………………… 177
法律の使い方を決めている法律 ……………………… 182
「金融庁設置法」に隠された「いろは歌」 ……… 185

凡例
○本書の内容は、2017年1月5日現在の情報に基づいています。

○本書で取り上げている法令の件数は、「現行法規総覧」「D1-Law.com 現行法規」をもとに、当研究会が算出したものです。なお、法令の件数には、原則として、廃止されたもの、全部改正されたもの、法令を改正・廃止するための法令は含みません。また、断りがない限り、廃止された法律のうちその全部又は一部がなおその効力を有するとされた法令も含みません。

○引用条文中のアンダーラインは編著者によるものです。また、〔※〕等として注を入れている場合があります。

○読みやすさを重視するため、引用条文は、法令名・条項番号の後に〔抜粋〕、あるいは条文中に〔…略…〕と記して抄録をしている場合があります。

○一部の条文については、漢字の旧字体を新字体に、旧仮名遣いを新仮名遣いに置き換えています。

第 1 章

「すいか」は「メロン」
法律に登場するこんな"決まり"

1 法律には、こんなことも書かれている

国民は、看護師に感謝する義務がある

　病気になった時、昼夜を問わず、私たちの看護をしてくれる看護師さん。本当に頭が下がります。

　多くの方が、自然な気持ちで看護師さんに感謝の念を捧げていると思います。

〇法律も"看護師に感謝しましょう"と言っている

　実は、国民は看護師さんに感謝の念を表すように心がけなければならない……と、法律に書かれています。

　それは**「看護師等の人材確保の促進に関する法律」**です。

看護師等の人材確保の促進に関する法律（平成4年法律第86号）
第7条
　国民は、看護の重要性に対する関心と理解を深め、看護に従事する者への<u>感謝</u>の念を持つよう心がけるとともに、看護に親しむ活動に参加するよう努めなければならない。

これによると、国民は、
・看護の重要性に対する関心・理解を深める
・看護に従事する人への感謝の念を持つよう心がける
・看護に親しむ活動に参加する
ことに努めなければならない……とされています。

　この法律は、看護師の人材を確保するために、国が指針を定め、養成に取り組むことなどを定めたものです。

　看護師さんは、私たちの命を支えてくれる大切なお仕事。感謝の気持ちを忘れないようにしたいものです。

○そのほか、感謝することについて書かれている法律

　このほかにも、法律は、色々なことに「感謝」しましょうと言っています。

　「食育基本法」には、私たちの食生活が様々な人たちに支えられていることについての感謝の気持ちを育てよう……ということが書かれています。

> **食育基本法（平成 17 年法律第 63 号）**
> **第 3 条**
> 　食育の推進に当たっては、国民の食生活が、自然の恩恵の上に成り立っており、また、食に関わる人々の様々な活動に支えられていることについて、<u>感謝</u>の念や理解が深まるよう配慮されなければならない。

また、**「国民の祝日に関する法律」**には、それぞれの祝日の意味が書かれていますが、その中で、何かに感謝する意味がこめられている祝日があります。

　例えば、「こどもの日」は母に感謝する日、「海の日」は海の恩恵に感謝する日、「山の日」は山の恩恵に感謝する日だとされています。

国民の祝日に関する法律（昭和23年法律第178号）
第1条
　自由と平和を求めてやまない日本国民は、美しい風習を育てつつ、よりよき社会、より豊かな生活を築きあげるために、ここに国民こぞつて祝い、感謝し、又は記念する日を定め、これを「国民の祝日」と名づける。
第2条
　「国民の祝日」を次のように定める。
〔…略…〕

こどもの日	5月5日	こどもの人格を重んじ、こどもの幸福をはかるとともに、母に感謝する。
海の日	7月の第3月曜日	海の恩恵に感謝するとともに、海洋国日本の繁栄を願う。
山の日	8月11日	山に親しむ機会を得て、山の恩恵に感謝する。

〔…略…〕

> # 火事を見つけたら、通報する
> # 義務がある

「物を買ったら、お金を支払わなければならない」これは、物を買った以上、当然のことですよね。

では、たまたま通りかかっただけでも義務を負う……ということはあるでしょうか。

○火災を発見したら

火災を発見した人は、消防署などに通報する義務があります。また、他の人も、その通報が早く到達するように協力しなければなりません。

これは、**「消防法」**に書かれています。

> **消防法（昭和23年法律第186号）**
> **第24条第1項**
> 　火災を発見した者は、遅滞なくこれを消防署又は市町村長の指定した場所に通報しなければならない。
> **第2項**
> 　すべての人は、前項の通報が最も迅速に到達するように協力しなければならない。

○高齢者への虐待を見かけたら

高齢者が虐待されているのを見かけた人は、市町村に通報しなければなりません。

これは**「高齢者虐待の防止、高齢者の養護者に対す**

る支援等に関する法律」に書かれています。

高齢者虐待の防止、高齢者の養護者に対する支援等に関する法律（平成17年法律第124号）
第7条第1項
　養護者による高齢者虐待を受けたと思われる高齢者を発見した者は、当該高齢者の生命又は身体に重大な危険が生じている場合は、速やかに、これを市町村に通報しなければならない。

　具体的には、最寄りの地域包括支援センターなどに通報することになります。

○けがをしている動物を見つけたら

　病気にかかったり、けがをしたりしている動物を見つけた人は、飼い主や都道府県等に通報するよう努めなければなりません。

　これは、「動物の愛護及び管理に関する法律」に書かれています。

動物の愛護及び管理に関する法律（昭和48年法律第105号）
第36条第1項
　道路、公園、広場その他の公共の場所において、疾病にかかり、若しくは負傷した犬、猫等の動物又は犬、猫等の動物の死体を発見した者は、速やかに、その所有者が判明しているときは所有者に、その所有者が判明しないときは都道府県

知事等に通報するように努めなければならない。

　なお、「都道府県知事に通報」と書かれていますが、実際は地元の保健所などに通報することになります。

法律が「恋愛」を語ると

◯「恋愛」と「法律」

「恋愛」と「法律」……この世で一番結びつかなさそうな言葉ですね。

実は、「恋愛」という言葉が使われている法律が一つだけあります。

◯「ストーカー規制法」

それは、**「ストーカー行為等の規制等に関する法律」**、いわゆる**「ストーカー規制法」**です。

条文を見てみましょう。

> **ストーカー行為等の規制等に関する法律（平成12年法律第81号）**
> **第2条第1項**
> 　この法律において「つきまとい等」とは、特定の者に対する<u>恋愛</u>感情その他の好意の感情又はそれが満たされなかったことに対する怨恨の感情を充足する目的で、当該特定の者又はその配偶者、直系若しくは同居の親族その他当該特定の者と社会生活において密接な関係を有する者に対し、次の各号のいずれかに掲げる行為をすることをいう。
> 　一　つきまとい、待ち伏せし、進路に立ちふさがり、住居、勤務先、学校その他その通常所在する場所（以下「住居等」という。）の付近において見張りをし、住居等に押

し掛け、又は住居等の付近をみだりにうろつくこと。
〔…略…〕

○好意でも恨みでも「つきまとい」

条文をほぐしてみましょう。

この「第2条」では、次の行為を「つきまとい等」と呼んでいます。

・特定の人に対する恋愛感情その他の好意の感情や、
・それが満たされなかったことに対する怨恨の感情を満たす目的で、
・その人自身や、
・配偶者、親族などの密接な関係のある人に対しつきまとい・待ち伏せ・住居への押しかけ等をすること

なるほど、「恋愛」感情でつきまとったりすることをこのように書き表しているわけです。

それだけでなく、恋愛感情が満たされなかったときに生まれる「怨恨」の感情でつきまとう場合も「つきまとい等」に含めています。

○「つきまとい等」を繰り返すと「ストーカー行為」

ストーカー規制法は、この後の条文で、「つきまとい等」を繰り返すことを「ストーカー行為」と定義しています。

そして、「つきまとい等」をした人に対して警告や

禁止命令をすることや、「ストーカー行為」をした人に対する罰則などを定めています。

○「恋」という字だけなら？

では、「恋」という字で探したらどうでしょうか。

「ストーカー行為等の規制等に関する法律」以外で、「恋」という字が使われている法律が1件あります。

それは**「国家公務員の寒冷地手当に関する法律」**です。どこに使われているのでしょうか。

> 国家公務員の寒冷地手当に関する法律（昭和24年法律第200号）
> 別表〔抜粋〕
> 　群馬県のうち
> 　　沼田市　多野郡のうち上野村　甘楽郡のうち南牧村　吾妻郡のうち長野原町、嬬恋村、草津町及び高山村　利根郡のうち片品村、川場村及びみなかみ町

「嬬恋村」で登場していました。

○「愛」という字だけなら？

「愛」という字は、「愛知県」「愛媛県」など、地名で多数使われています。

それ以外では、動物関係で「愛護」「愛がん」という言葉が見られます。

また、**「身体障害者補助犬法」**では「愛情」という

言葉が使われています。

身体障害者補助犬法(平成 14 年法律第 49 号)
第 21 条
　訓練事業者及び身体障害者補助犬を使用する身体障害者は、犬の保健衛生に関し獣医師の行う指導を受けるとともに、犬を苦しめることなく<u>愛情</u>をもって接すること等により、これを適正に取り扱わなければならない。

法律が求めるお酒の飲み方

〇お酒にまつわる法律いろいろ

　お酒は飲むと楽しい反面、飲みすぎると周りに迷惑をかけることもあるので、気をつけなければいけませんね。

　お酒については「造る」「売る」「飲む」というそれぞれの場面ごとに法律でルールが定められています。
① お酒を造ることについては、**「酒税法」**（昭和28年法律第6号）で、製造免許が必要とされています。
② お酒を売ることについても、同じく**「酒税法」**で、販売業免許が必要とされています。
③ お酒を飲むことについては、**「未成年者飲酒禁止法」**（大正11年法律第20号）で、20歳未満の人の飲酒が禁止されています。

〇酔っぱらって迷惑をかけると……

　そして、ここで紹介するのは**「酒に酔つて公衆に迷惑をかける行為の防止等に関する法律」**です。

　この法律は、酩酊している人の保護や、酒に酔って周囲に迷惑をかけた場合の処罰について定めています。

　条文を見てみましょう。

**酒に酔つて公衆に迷惑をかける行為の防止等に関する法律
(昭和36年法律第103号)
第2条**
　すべて国民は、飲酒を強要する等の悪習を排除し、飲酒についての節度を保つように努めなければならない。

　このように、国民に対して、飲酒を強要しないこと、飲酒についての節度を保つこと……という努力義務が定められています。

法律に名前が書かれている、あの文豪

　法律には、「山田太郎さんは赤信号では立ち止まらなければならない」というように、私たちの名前が直接書かれているわけではありません。

　それでは、人の名前が書かれている法律はないのでしょうか？

○あの文豪が登場する法律

　法律に書かれている人がいるとすれば、明治時代の政治家や歴史上の偉人かな……と思いましたが、探してみたところ、

　「ラフカディオ・ハーン（小泉八雲）」

の名前が法律に書かれていました。

　ラフカディオ・ハーンといえば、「耳なし芳一」などの怪談の名作を残した明治の文豪ですが、どんな法律に登場するのでしょうか？

　それは、**「松江国際文化観光都市建設法」**です。

　条文を見てみましょう。

松江国際文化観光都市建設法（昭和26年法律第7号）
第1条
　　この法律は、松江市が明びな風光とわが国の歴史、文化等

の正しい理解のため欠くことのできない多くの文化財を保有し、ラフカデイオ・ハーン（小泉八雲）の文筆を通じて世界的に著名であることにかんがみて、同市を国際文化観光都市として建設し、その文化観光資源の維持開発及び文化観光施設の整備によって、国際文化の向上を図り世界恒久平和の理想の達成に資するとともに、わが国の経済復興に寄与することを目的とする。

　この法律は、松江市を「国際文化観光都市」とするため、計画を立てて推進することや、そのための国の助成などについて定めたものです。
　第1条の目的規定の中に、松江市がラフカディオ・ハーンの文筆を通じて世界的に著名であることにかんがみて、国際文化観光都市を建設する……ということが書かれています。

○架空の人物が登場する法律

　法律には、架空の人物名が書かれているものもあります。
　それは、**「最高裁判所裁判官国民審査法」**です。
　この法律は、衆議院議員の総選挙にあわせて行われる、最高裁判所の裁判官の国民審査について、手続きなどを定めたものです。
　法律の最後に投票用紙の様式が示されていて、その中に、裁判官の氏名の例として「甲野乙郎（こうのおつろう）」と書かれ

ています。

最高裁判所裁判官国民審査法（昭和22年法律第136号）
別記〔抜粋〕

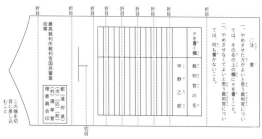

第1章 ●「すいか」は「メロン」 法律に登場するこんな"決まり"

「必ず」しなければならないことが3つある

　法律では、様々な人に対して様々な義務が課されています。

　でも、「必ず」しなければならない……とまで書かれているものは、意外に少ないようです。

○選挙制度をどうするか、「必ず」結論を得よう

　2015（平成27）年に**「公職選挙法」**が改正された際、選挙制度の抜本的な見直しについて、検討して必ず結論を得る……という規定が書かれました。

> **公職選挙法の一部を改正する法律（平成27年法律第60号）**
> **附則第7条**
> 　平成31年に行われる参議院議員の通常選挙に向けて、参議院の在り方を踏まえて、選挙区間における議員1人当たりの人口の較差の是正等を考慮しつつ選挙制度の抜本的な見直しについて引き続き検討を行い、<u>必ず</u>結論を得るものとする。

○検察官が「必ず」しなければならない手続き

　「刑事訴訟法」には、刑事裁判で、検察官がしなければならない手続きが色々定められていますが、その中で、1つだけ、「必ず」しなければならないと書かれているものがあります。

17

刑事訴訟法（昭和23年法律第131号）
第300条
　第321条第1項第2号後段の規定により証拠とすることができる書面については、検察官は、<u>必ず</u>その取調を請求しなければならない。

　内容の解説は、専門書に譲ります。

○税理士になりたい人は、「必ず」受けましょう

　税理士になるには、税理士試験を受けなければなりません。

　「税理士法」には、試験の科目が挙げられていますが、その中で、「所得税法」か「法人税法」のどちらかは「必ず」受けなければならないと書かれています。

税理士法（昭和26年法律第237号）
第6条
　税理士試験は、〔…略…〕次に定める科目について行う。
　一　次に掲げる科目〔…略…〕のうち受験者の選択する3科目。ただし、イ又はロに掲げる科目のいずれか1科目は、必ず選択しなければならないものとする。
　　イ　所得税法
　　ロ　法人税法
〔…略…〕

　以上、「必ず」しなければならないと書かれていることは3つでした。

とはいえ、法律で義務づけられていることは他にもたくさんありますので、気をつけましょう。

巨額のお金を扱う法律

家の近くのショッピングセンターで、時々宝くじを買っています。特に、自分で番号を決めて記入するタイプの宝くじが好きです。

マークシート用紙を前に目を閉じて精神統一（？）すると、当たりそうな番号が頭に浮かんできまして、「これは絶対当たる！」という確信に満ちてマークシートを埋めるのですが、結果は……。

さて、夢は夢として、ここでは巨額のお金を扱う法律を探してみましょう。

○20兆円

大きな金額の第1位は、「20兆円」です。

> **簡素で効率的な政府を実現するための行政改革の推進に関する法律（平成18年法律第47号）**
> **第17条第2項**
> 　前項の改革に当たっては、平成18年度から平成22年度までの間において、特別会計における資産及び負債並びに剰余金及び積立金の縮減その他の措置により、財政の健全化に総額20兆円程度の寄与をすることを目標とするものとする。

◯12兆円

第2位は、「12兆円」です。

平成十八年度における財政運営のための公債の発行の特例等に関する法律（平成18年法律第11号）
第4条第1項
　政府は、平成18年度において、財政融資資金特別会計法（昭和26年法律第101号）第15条の規定による財政融資資金特別会計からの国債整理基金特別会計への繰入れをするほか、財政融資資金特別会計から、12兆円を限り、国債整理基金特別会計に繰り入れることができる。

◯10兆円

第3位は、「10兆円」です。

金融機能の早期健全化のための緊急措置に関する法律（平成10年法律第143号）
附則第4条
　平成10年度において政府が第17条の規定により第16条第1項の借入れ又は債券に係る債務の保証をする場合及び金融機能再生緊急措置法第66条の規定により金融機能再生緊急措置法第65条第1項の借入れ又は債券に係る債務の保証をする場合には、10兆円の範囲内において、これをすることができる。ただし、第17条及び金融機能再生緊急措置法第66条の規定に基づく国会の議決がなされた場合には、この限りでない。

どれも目がくらむような金額ですね。

「棒」にも定義がある

○「棒」とは何か

みなさん、「棒」って何でしょう。

改めて尋ねられると、どう答えればよいのか、なかなか難しいような気がします。

法律に尋ねたら、どんな答えが返ってくるでしょうか。

「関税定率法」 には、金属の棒について、定義が書かれています。

ここでは、銅の棒について見てみましょう。

> 関税定率法（明治43年法律第54号）
> 別表　関税率表〔抜粋〕
> 第74類　銅及びその製品
> 注1　この類において次の用語の意義は、それぞれ次に定めるところによる。
> 　(d)「棒」とは、横断面が全長を通じて一様な形状を有し、かつ、中空でない圧延製品、押出製品、引抜製品及び鍛造製品（巻いてないものに限る。）で、横断面が円形、だ円形、長方形（正方形を含む。）、正三角形又は正凸多角形〔…略…〕のものをいう〔…略…〕。

これを見ると、どこで切っても切り口が同じ形で、中が空洞になっていないものを「棒」と呼んでいるこ

とが分かります。

◯「粒」は？

「関税定率法」 には、「粒」の定義も出てきます。
鉄鋼の箇所を見てみましょう。

> **関税定率法（明治43年法律第54号）**
> **別表　関税率表**〔抜粋〕
> 第72類　鉄鋼
> 注１　この類において次の用語の意義は、それぞれ次に定めるところによる。〔…略…〕
> 　(h)「粒」とは、目開きが１ミリメートルのふるいに対する通過率が全重量の90％未満の物品で、目開きが５ミリメートルのふるいに対する通過率が全重量の90％以上のものをいう。

このように、どんな大きさのふるいにかけたときに全重量の90％通過するか、という基準で、「粒」が定義されていることが分かります。

◯「粉」は？

「粒」が分かると、「粉」は何となく想像がつきますね。
「粉」は、1mmのふるいにかけたときに90％以上通過するものと規定されています。

関税定率法（明治43年法律第54号）
別表　関税率表〔抜粋〕
第15部　卑金属及びその製品
注8　この部の次の用語の意義は、それぞれ次に定めるところによる。
　(b)「粉」とは、目開きが1ミリメートルのふるいに対する通過率が全重量の90％以上のものをいう。

　ふだん何気なく使う言葉にも、これだけ詳しい定義があるのですね。

「マイナンバー法」 正式名称は

行政関係の手続きに「マイナンバー」が使われるようになりました。

私たち一人ひとりに、別々の番号が付けられているわけですが、この「マイナンバー」、法律にはどう書かれているでしょうか。

○「マイナンバー法」……正式には？

「マイナンバー法」という法律の名前をニュース記事などで見かけますが、これは略称です。

正式な名前は**「行政手続における特定の個人を識別するための番号の利用等に関する法律」**といいます。

この中で、個人を識別する番号として「個人番号」という言葉が出てきます。これが「マイナンバー」と呼ばれるものです。

> **行政手続における特定の個人を識別するための番号の利用等に関する法律（平成25年法律第27号）**
> **第2条第5項**
> 　この法律において「個人番号」とは、〔…略…〕住民票コード〔…略…〕を変換して得られる番号であって、当該住民票コードが記載された住民票に係る者を識別するために指定されるものをいう。

この条文を見ると、「個人番号」は、「住民票コード」を変換して作ることになっています。
　では、「住民票コード」とは何でしょうか。

○「住民票コード」とは
　「住民基本台帳法」と**「住民基本台帳法施行規則」**によると、「住民票コード」とは、住民票に記載する11桁の符号だとされています。

住民基本台帳法（昭和42年法律第81号）
第7条
　住民票には、次に掲げる事項について記載〔…略…〕をする。
〔…略…〕
十三　住民票コード（番号、記号その他の符号であつて総務
　　　省令で定めるものをいう。〔…略…〕）
〔…略…〕

住民基本台帳法施行規則（平成11年自治省令第35号）
第1条
　住民基本台帳法〔…略…〕第7条第13号に規定する住民票コードは、次に掲げる数字をその順序により組み合わせて定めるものとする。
　一　無作為に作成された10けたの数字
　二　一けたの検査数字（住民票コードを電子計算機に入力
　　　するときの誤りを検出することを目的として、総務大臣
　　　が定める算式により算出される数字をいう。）

○基礎年金番号

そのほか、私たちに付いている番号といえば、「基礎年金番号」がありますね。

> **国民年金法（昭和34年法律第141号）**
> **第14条**
> 　厚生労働大臣は、国民年金原簿を備え、これに被保険者の〔…略…〕基礎年金番号（政府管掌年金事業〔…略…〕の運営に関する事務〔…略…〕を遂行するために用いる記号及び番号〔…略…〕をいう。）〔…略…〕を記録するものとする。

このように、「国民年金原簿」という台帳に、年金に加入している人の「基礎年金番号」を記録することとされています。

2

あの"決まり"、どこに書かれている？

消費税の税率

1989年に3％の税率で始まった消費税。その後5％、8％と改定され、2019年からは10％となる予定です。

では、消費税の税率はどこに書かれているのでしょうか。

○消費税の税率は6.3％？

「**消費税法**」の規定を見てみましょう。

> **消費税法（昭和63年法律第108号）**
> **第29条**
> 　消費税の税率は、100分の6.3とする。

あれ？　税率は8％ではなくて6.3％となっています。

残りの1.7％はどこに行ってしまったのでしょう。

○ 1.7％は「地方消費税」

　消費税は、6.3％分は国の収入となり、1.7％は地方の収入となります。

　そして、国の収入となる分は**「消費税法」**に定められ、地方の収入となる分は**「地方税法」**に定められています。

　それでは、地方税法の条文を見てみましょう。

> **地方税法（昭和 25 年法律第 226 号）**
> **第 72 条の 82**
> 　地方消費税については、第 20 条の 4 の 2 第 1 項の規定にかかわらず、消費税額を課税標準額とする。
> **第 72 条の 83**
> 　地方消費税の税率は、<u>63 分の 17</u> とする。

　地方消費税の税率は「63 分の 17」とされていますが、その前に、消費税額を課税標準額とすることが定められていますので、6.3％×17/63 で 1.7％ということになるわけです。

　なるほど、消費税の税率は、2 か所に分かれて書かれているのですね。

○「10％」のことは？

　ちなみに、税率 10％ への改定については既に改正法が成立していて、施行は 2019 年 10 月 1 日となって

います。

　そこでは、消費税法第29条の「100分の6.3」が「100分の7.8」、つまり7.8％に、

　地方税法第72条の83の「63分の17」が「78分の22」、つまり2.2％に改正されることとされています。

消費税法（昭和63年法律第108号）
第29条　消費税の税率は、100分の7.8とする。

　　　※平成31年10月1日以降の条文　（平成24年法律第68号）

地方税法（昭和25年法律第226号）
第72条の83　地方消費税の税率は、78分の22とする。

　　　※平成31年10月1日以降の条文　（平成24年法律第69号）

預金のペイオフ、1,000万円

私たちの預金は、銀行に万が一のことがあっても、少なくとも1,000万円までは保護されています。いわゆる「ペイオフ」ですね。

このペイオフの「1,000万円」というのは、どこに書かれているのでしょうか?

○預金保険法

預金の保護については、**「預金保険法」**という法律に定められています。

条文を見てみましょう。

> **預金保険法(昭和46年法律第34号)**
> **第54条第1項**
> 〔…略…〕保険金の額は、〔…略…〕その者が当該金融機関に対して有する支払対象一般預金等に係る債権〔…略…〕のうち元本の額〔…略…〕及び利息等〔…略…〕の額の合算額〔…略…〕に相当する金額とする。
> **第54条第2項**
> 支払対象一般預金等に係る保険金の額は、前項の元本の額〔…略…〕が政令で定める金額(以下「保険基準額」という。)を超えるときは、保険基準額及び保険基準額に対応する元本に係る利息等の額を合算した額とする。〔…略…〕

第54条第1項を見ると、銀行に何かあったときは、

元本と利息が保険金として支払われるとされています。

そして、第2項で、元本が「政令で定める金額」を超えるときは、その金額分の元本と、対応する利息が保険金の額となる、とされています。

保護される金額は政令で定めることとされていて、法律には「1,000万円」という金額は出てきません。

○政令を見てみると

そこで、預金保険法の下にある政令**「預金保険法施行令」**を見てみましょう。

> 預金保険法施行令（昭和46年政令第111号）
> 第6条の3
> 　法第54条第2項に規定する政令で定める金額は、<u>千万円</u>とする。

ここで「千万円」が登場しました。

○「千万円」か「一千万円」か

ところで、ここでは「千万円」と書かれていますが、「一千万円」とは書かないのだろうか……ということが気になります。

調べてみたところ、「千万円」と書かれている法律が67件、「一千万円」と書かれている法律が5件で、「千万円」と書く方が多いことが分かりました。

首都は東京

日本の首都は東京……多くの方がそう認識されていると思います。

では、これは法律で決まっているのでしょうか。

〇東京を首都とする法律はない？

実は、現在の法律には、首都を東京と明確に定めているものはありません。

かつては、**「首都建設法」**という法律があり、そこには以下のように、東京都が首都であると書かれていました。

首都建設法（昭和25年法律第219号）〔※現在は廃止〕
第1条
　この法律は、東京都を新しく我が平和国家の首都として十分にその政治、経済、文化等についての機能を発揮し得るよう計画し、建設することを目的とする。

〇「首都」から「首都圏」へ

この法律は1956（昭和31）年に廃止され、**「首都圏整備法」**という法律が定められました。

首都圏整備法（昭和31年法律第83号）
第2条第1項
　この法律で「首都圏」とは、東京都の区域及び政令で定めるその周辺の地域を一体とした広域をいう。

「首都建設法」では東京都だけが法律の対象でしたが、**「首都圏整備法」**では、その周辺地域をあわせて「首都圏」として、一体的に整備するということになりました。

　ここで、「周辺地域」とはどこだろう、というのが気になります。

「首都圏整備法」の下にある政令**「首都圏整備法施行令」**には、次のように書かれています。

首都圏整備法施行令（昭和32年政令第333号）
第1条
　首都圏整備法（以下「法」という。）第2条第1項の政令で定めるその周辺の地域は、埼玉県、千葉県、神奈川県、茨城県、栃木県、群馬県及び山梨県の区域とする。

〇「東京圏」という言葉も

　法律には、「東京圏」という言葉が使われているものもあります。

　例えば、**「首都直下地震対策特別措置法」**には次のように書かれています。

首都直下地震対策特別措置法(平成 25 年法律第 88 号)
第 2 条第 1 項
　この法律において「首都直下地震」とは、東京圏(東京都、埼玉県、千葉県及び神奈川県の区域並びに茨城県の区域のうち政令で定める区域をいう。〔…略…〕)及びその周辺の地域における地殻の境界又はその内部を震源とする大規模な地震をいう。

　この法律では、「東京圏」とは、東京都、埼玉県、千葉県、神奈川県、茨城県の一部を指しています。

名前に使える文字

人の名前に使える字には、ひらがな、カタカナ、常用漢字、人名用漢字といったものがあります。

では、「オバケのQ太郎」や「藤岡弘、」さんのように、アルファベットや記号は使えないのでしょうか。

調べてみました。

○人名に使える字は「戸籍法」で決められている

戸籍について定めている**「戸籍法」**を見てみましょう。

> **戸籍法（昭和 22 年法律第 224 号）**
> **第 50 条第 1 項**
> 　子の名には、常用平易な文字を用いなければならない。

名前には、「常用」で「平易」な文字を使いましょう、と書かれています。

これだけでは、具体的にどの文字が使えるのかが分かりません。

ただし、その後に、

> **戸籍法（昭和 22 年法律第 224 号）**
> **第 50 条第 2 項**
> 　常用平易な文字の範囲は、法務省令でこれを定める。

と書かれています。

具体的には、法務省の省令で定められているようです。

そこで、**「戸籍法」**の下にある法務省令**「戸籍法施行規則」**を見てみると、名前に使える文字として、

① 常用漢字
② 「戸籍法施行規則」の別表第2に掲げられている漢字（※これがいわゆる「人名用漢字」です。）
③ ひらがな、カタカナ

と規定されています。

これで、アルファベットや記号は使えないということが分かりました。

戸籍法施行規則（昭和22年司法省令第94号）
第60条
　戸籍法第50条第2項の常用平易な文字は、次に掲げるものとする。
　一　常用漢字表（平成22年内閣告示第2号）に掲げる漢字（括弧書きが添えられているものについては、括弧の外のものに限る。）
　二　別表第2に掲げる漢字
　三　片仮名又は平仮名（変体仮名を除く。）

人名用漢字が追加される際には、**「戸籍法施行規則」**の別表第2が改正されます。

2004（平成16）年に488字が追加され、「苺」ちゃ

んや「蕾」ちゃんが名付けられるようになるなど話題になりました。
　最近では、2015(平成27)年に「巫女」の「巫」という字が追加されています。

5年に一度、国勢調査

5年に一度実施される「国勢調査」。

この「国勢調査」を実施することは、どこで決まっているのでしょうか。

探ってみました。

○「国勢調査令」

すると、ずばり**「国勢調査令」**という名前の政令が見つかりました。

この政令には、国勢調査を実施する際の細かな手続きが決められています。

しかし、「調査年」の10月1日現在で調査をするということは書いてありますが、5年に1回実施するという決まりが見つかりません。

> 国勢調査令（昭和55年政令第98号）
> 第3条
> 　国勢調査は、これを実施する年（以下「調査年」という。）の10月1日午前零時（以下「調査時」という。）現在によつて行う。

そこで**「国勢調査令」**の第1条を見ると、そのおおもとになった法律が書かれています。

国勢調査令（昭和55年政令第98号）
第1条
　統計法〔…略…〕第5条第2項の規定により行う国勢調査〔…略…〕に関しては、この政令の定めるところによる。

「統計法」という法律に何かがあるようです。

○「統計法」

そこで**「統計法」**を探してみると……

統計法（平成19年法律第53号）
第5条第1項
　総務大臣は、本邦に居住している者として政令で定める者について、人及び世帯に関する全数調査を行い、これに基づく統計（以下この条において「国勢統計」という。）を作成しなければならない。
第2項
　総務大臣は、前項に規定する全数調査（以下「国勢調査」という。）を10年ごとに行い、国勢統計を作成しなければならない。ただし、当該国勢調査を行った年から5年目に当たる年には簡易な方法による国勢調査を行い、国勢統計を作成するものとする。

　国勢調査は、もとをたどると**「統計法」**に行きつくことが分かりました。
　さて、この条文をよく見てみると、単に5年ごとに行うとは書かれていません。

まず、「10年ごとに」行うと書いてあります。

続いて、「5年目に当たる年には簡易な方法による国勢調査を行い」と書かれています。

詳しい調査は10年おきに、その間にある5年目の年には簡易な調査を行うということですね。

○国勢調査の実施を中止する法律

国勢調査は一度、中止されたことがあります。

国勢調査は1920（大正9）年から実施されていますが、かつては、**「国勢調査ニ関スル法律」**という法律があり、ここに、現在と同じように、5年に一度実施することが書かれていました。

「国勢調査ニ関スル法律」（明治35年法律第49号）〔※現在は廃止〕
〔1922（大正11）年法律第51号による改正後の条文〕
第1条第1項
　国勢調査ハ各ゝ十箇年毎ニ一回帝国版図内ニ施行ス
第1条第2項
　前項ノ規定ニ依ル調査後五年ニ該ル年ニ於テ簡易ナル国勢調査ヲ施行ス

この通りにいくと、1945（昭和20）年は国勢調査の年に当たっていましたが、戦時下の情勢から、実施しないことを定めた法律が作られました。

> 明治三十五年法律第四十九号国勢調査ニ関スル法律（明三五法四九）ノ昭和二十年ニ於ケル特例ニ関スル法律（昭和20年法律第1号）〔※現在は廃止〕
> 　明治三十五年法律第四十九号第一条第二項ノ規定ニ拘ラズ国勢調査ハ昭和二十年ニ於テハ之ヲ施行セズ

5年ごとに実施することが法律で決められているので、実施しない場合も法律で決めることが必要なのですね。

○臨時に行うこともできる

先ほどの「統計法」の続きには、こんな規定があります。

> 統計法（平成19年法律第53号）
> **第5条第3項**
> 　総務大臣は、前項に定めるもののほか、必要があると認めるときは、臨時の国勢調査を行い、国勢統計を作成することができる。

臨時に国勢調査を行うこともできるということです。実際、旧統計法（昭和22年法律第18号）に基づき、戦後復興のため1947（昭和22）年に行われたことがあります。

※この記事の作成に当たっては、総務省統計局のサイト「国勢調査のあゆみ」を参考にしました（http://www.stat.go.jp/data/kokusei/2015/kouhou/ayumi.htm）。

第1章 ●「すいか」は「メロン」 法律に登場するこんな"決まり"

> # 人間国宝

「人間国宝」と呼ばれている方々がいらっしゃいますね。

芸術などの世界で、その道を究めた方が「人間国宝」となるわけですが、これは法律で決められているのでしょうか。

○法律には「人間国宝」という言葉はない

法律を調べてみても、「人間国宝」という言葉は見当たりません。

○重要無形文化財の保持者

「人間国宝」と呼ばれる方々は、法律上は、「重要無形文化財」の保持者のことを指しています。

段階を追って見ていきましょう。

まず、「無形文化財」とは、演劇・音楽・工芸技術などの無形の文化的所産で、わが国にとって歴史上・芸術上の価値の高いものをいいます。

文化財保護法(昭和25年法律第214号)
第2条第1項〔抜粋〕

> この法律で「文化財」とは、次に掲げるものをいう。
> 二　演劇、音楽、工芸技術その他の無形の文化的所産で我が国にとって歴史上又は芸術上価値の高いもの（以下「無形文化財」という。）

　そして、無形文化財のうち重要なものが「重要無形文化財」に指定されます。

文化財保護法（昭和 25 年法律第 214 号）
第 71 条第 1 項
　文部科学大臣は、無形文化財のうち重要なものを重要無形文化財に指定することができる。

　「重要無形文化財」が指定される際、それを保持している人も認定されます。その認定された人が「人間国宝」と呼ばれるというわけです。

文化財保護法（昭和 25 年法律第 214 号）
第 71 条第 2 項
　文部科学大臣は、前項の規定による指定をするに当たつては、当該重要無形文化財の保持者〔…略…〕を認定しなければならない。

　人間国宝の認定を受けた人は、官報に告示されます。例を見てみましょう。
　1995（平成 7）年に、落語家の五代目柳家小さんさんが、落語界で初めての人間国宝に認定されました。

その際の文部省（当時）の告示には、次のように、「古典落語」を無形文化財として指定すると同時に、柳家小さんさんを保持者として認定すると書かれています。

平成7年文部省告示第78号
　文化財保護法〔…略…〕第56条の3第1項の規定により、次の表の上欄に掲げる無形文化財を重要無形文化財に指定し、及び同条第2項の規定により、同表の下欄に掲げる者を当該重要無形文化財の保持者又は保持団体として認定する。

上　　欄	下　　欄			
重要無形文化財	重要無形文化財の保持者			
名称	〔…略…〕	芸名・雅号	〔…略…〕	〔…略…〕
芸能の部				
古典落語	〔…略…〕	柳家小さん	〔…略…〕	〔…略…〕

　次に、2014（平成26）年に、十代目柳家小三治さんが認定された際の、文部科学省の告示を見てみましょう。
　そこでは、古典落語は既に重要無形文化財として指定されており、柳家小三治さんを保持者として追加認定するという内容になっています。

平成26年文部科学省告示第157号

　文化財保護法〔…略…〕第71条第4項の規定により、次の表の上欄に掲げる重要無形文化財について、同表の下欄に掲げる者を当該重要無形文化財の保持者として追加認定したので、同条第5項において準用する同条第3項の規定に基づき告示する。

上　欄	下　欄			
重要無形文化財	保　持　者			
名称	〔…略…〕	芸名・雅号	〔…略…〕	〔…略…〕
芸能の部				
古典落語	〔…略…〕	柳家小三治	〔…略…〕	〔…略…〕

第1章 ●「すいか」は「メロン」 法律に登場するこんな"決まり"

救急車が来たら、左に寄りましょう

　車を運転しているときに救急車や消防車が来たら、左側に寄って道を譲ることになっていますね。
　これは、どこに書かれているのでしょうか。

○「道路交通法」

　道路での交通についての決まりを定めている「道路交通法」を見てみると、緊急自動車（消防車や救急車など）が、決められた方法で近づいてきたときは、他の車両は、
・交差点やその付近にいるときは、交差点を避けて左に寄り、一時停止する
・それ以外の場所にいるときは、左に寄って道を譲る（ただし左に寄るとかえって邪魔になるときは右側に寄る）
と書かれています。

道路交通法（昭和35年法律第105号）
第39条第1項
　緊急自動車（消防用自動車、救急用自動車その他の政令で定める自動車で、当該緊急用務のため、政令で定めるところにより、運転中のものをいう。以下同じ。）〔…略…〕

第40条第1項
　交差点又はその附近において、緊急自動車が接近してきたときは、〔…略…〕車両（緊急自動車を除く。以下この条において同じ。）は交差点を避け、かつ、道路の左側（一方通行となつている道路においてその左側に寄ることが緊急自動車の通行を妨げることとなる場合にあつては、道路の右側。次項において同じ。）に寄つて一時停止しなければならない。
第2項
　前項以外の場所において、緊急自動車が接近してきたときは、車両は、道路の左側に寄つて、これに進路を譲らなければならない。

○緊急自動車同士が接近したら？

　第40条第1項には、緊急自動車に接近された「車両」は、道を譲らなければならない……と書いてあります。

　そして、この「車両」については、「緊急自動車を除く」と書かれています。

　つまり、緊急自動車が走っているときに別の緊急自動車が近づいてきたときは、この規定は適用されないということになります。

○パトカーに誘導されている車も、緊急自動車になる

　第39条第1項には、緊急自動車の例として、「消防用自動車」と「救急用自動車」が挙げられていますが、そのほかにはどんなものが当てはまるでしょうか。

それは、**「道路交通法施行令」**という政令に定められています。

それを見ると、
- 警察用自動車
- 自衛隊用自動車
- 検察庁の自動車
- 電気・ガスの応急作業をするための自動車
- 水防のために出動した自動車
- 不法な無線局を探査する自動車

なども、緊急自動車になると定められています。

道路交通法施行令（昭和35年政令第270号）
第13条第1項〔抜粋〕
　法第39条第1項の政令で定める自動車は、次に掲げる自動車〔…略…〕とする。
　一の七　警察用自動車〔…略…〕のうち、犯罪の捜査、交通の取締りその他の警察の責務の遂行のため使用するもの
　二　自衛隊用自動車〔…略…〕のうち、部内の秩序維持又は自衛隊の行動若しくは自衛隊の部隊の運用のため使用するもの
　〔…略…〕
　六　電気事業、ガス事業その他の公益事業において、危険防止のための応急作業に使用する自動車
　七　水防機関が水防のための出動に使用する自動車
　〔…略…〕
　十　総合通信局又は沖縄総合通信事務所において使用する自動車のうち、不法に開設された無線局〔…略…〕の探

査のための出動に使用するもの
　〔…略…〕

　また、緊急自動車である警察用自動車に誘導されている自動車なども、緊急自動車になるとされています。

道路交通法施行令（昭和 35 年政令第 270 号）
第 13 条第 2 項
　前項に規定するもののほか、緊急自動車である警察用自動車に誘導されている自動車又は緊急自動車である自衛隊用自動車に誘導されている自衛隊用自動車は、それぞれ法第 39 条第 1 項の政令で定める自動車とする。

3

法律に登場する身近な言葉

「臘虎膃肭獣猟獲取締法」何と読む？

「臘虎膃肭獣猟獲取締法」……実在する法律の題名です。何と読むのでしょうか。

正解は……

「臘虎・膃肭獣・猟獲取締法」と分かれて、一つ目の「臘虎」は「ラッコ」、二つ目の「膃肭獣」は「オットセイ」と読みます。

したがって、「ラッコ・オットセイ・りょうかくとりしまりほう」ということになります。

○ラッコ・オットセイについての法律

「臘虎膃肭獣猟獲取締法」とはどんな法律なのでしょうか。条文を見てみましょう。

> 臘虎膃肭獣猟獲取締法（明治45年法律第21号）
> 第1条第1項
> 　農林水産大臣ハ農林水産省令ノ定ムル所ニ依リ臘虎又ハ膃肭獣ノ猟獲ヲ禁止又ハ制限スルコトヲ得臘虎又ハ膃肭獣ノ獣皮又ハ其ノ製品ノ製造若ハ加工又ハ販売ニ付亦同ジ

農林水産大臣は、ラッコ、オットセイの捕獲や皮の加工・販売を禁止・制限することができる……ということが書かれています。

○省令では「らっこ」「おっとせい」

　ちなみに、この法律の下に、「臘虎膃肭獣猟獲取締法施行規則」という農林水産省令があります。

　そこでは、「らっこ」「おっとせい」と、ひらがなで書かれています。

臘虎膃肭獣猟獲取締法施行規則（平成6年農林水産省令第26号）
第1条第1項
　何人も、らっこの猟獲又はおっとせいの陸上猟獲をしてはならない。

第1章 ●「すいか」は「メロン」 法律に登場するこんな"決まり"

「北極」vs「南極」

　東京のお台場に初代南極観測船「宗谷」の実物が展示されていて、内部を見て回ることができます。
　「宗谷」は戦前に貨物船として造られ、戦時中は軍用として、戦後は引揚船などとして活躍した後、日本復興のシンボルとして、南極観測隊を乗せて厳しい航海をやり遂げた、波乱万丈の歴史をもつ船です。
　困難にチャレンジした隊員の皆さんの苦労に思いをはせながら、船内をしばらく見て回りました。
　さて、法律には、「北極」や「南極」も登場するのでしょうか。

○「北極」……なし
　実は、「北極」という用語が書かれている法律はありません。

○「南極」が登場する法律
　一方、「南極」は次の法律に登場しています。

①南極観測隊員の不在者投票
・公職選挙法（昭和25年法律第100号）
　　選挙の際の、南極観測隊の隊員が不在者投票を行

う手続きについて定められています。
・日本国憲法の改正手続に関する法律（平成19年法律第51号）

　憲法改正の国民投票の際の、南極観測隊の隊員が不在者投票を行う手続きについて定められています。

②南極地域の環境保護
・南極地域の環境の保護に関する法律（平成9年法律第61号）

　南極地域で活動をしようとする人に対して、活動計画について環境大臣の確認を受けることなどが定められています。

・環境省設置法（平成11年法律第101号）

　環境省の事務として、「南極地域の環境の保護に関すること」が挙げられています。

③南極地域への出張費
・国家公務員等の旅費に関する法律（昭和25年法律第114号）

　国家公務員の外国への出張費を地域ごとに定めた中で、南極地域も挙げられています。

④南極地域の観測
・自衛隊法（昭和29年法律第165号）

　国が行う南極地域の観測に対して、自衛隊が輸送などの協力を行うことが定められています。

◯「南極」の定義は？

「南極地域の環境の保護に関する法律」 には、「南極地域」の定義が書かれています。条文を見てみましょう。

> **南極地域の環境の保護に関する法律（平成9年法律第61号）第3条**〔抜粋〕
> 　この法律において、次の各号に掲げる用語の意義は、それぞれ当該各号に定めるところによる。
> 　一　南極地域
> 　　　南緯60度以南の陸域（氷棚及びその上空の部分を含む。以下同じ。）及び海域（氷棚の区域については、その下の海中の部分に限る。以下同じ。）をいう。

この「南緯60度」という区切りは、**「南極条約」**（昭和36年条約第5号）に書かれている、条約の適用される範囲と同じです。

「犬」vs「猫」

犬と猫。

犬は人なつっこく、猫はクールなイメージがありますが、どちらも人間にとって大昔からの大切なパートナーですね。

さて、「犬」と「猫」、法律ではどんな場面に登場するでしょうか。

○「犬」

「犬」という字が登場する法律は20件ほどあります。主なものを紹介しましょう。

①盲導犬、介助犬など

犬は、盲導犬、聴導犬、介助犬のように、人の生活を助けてくれる役割を果たしてくれています。

これらの犬は、**「身体障害者補助犬法」**に規定されています。

身体障害者補助犬法（平成14年法律第49号）
第2条第1項
　この法律において「身体障害者補助犬」とは、盲導犬、介助犬及び聴導犬をいう。
第2項
　この法律において「盲導犬」とは、道路交通法〔…略…〕

第14条第1項に規定する政令で定める盲導犬〔…略…〕をいう。

第3項
　この法律において「介助犬」とは、肢体不自由により日常生活に著しい支障がある身体障害者のために、物の拾い上げ及び運搬、着脱衣の補助、体位の変更、起立及び歩行の際の支持、扉の開閉、スイッチの操作、緊急の場合における救助の要請その他の肢体不自由を補う補助を行う犬〔…略…〕をいう。

第4項
　この法律において「聴導犬」とは、聴覚障害により日常生活に著しい支障がある身体障害者のために、ブザー音、電話の呼出音、その者を呼ぶ声、危険を意味する音等を聞き分け、その者に必要な情報を伝え、及び必要に応じ音源への誘導を行う犬〔…略…〕をいう。

②**危険の防止**

　警察官の職務の一つに、「狂犬」が出現したときに、その場にいる人に警告を発したり、避難させるというものがあります。

警察官職務執行法（昭和23年法律第136号）
第4条
　警察官は、人の生命若しくは身体に危険を及ぼ〔…略…〕す虞のある天災、事変、工作物の損壊、交通事故、危険物の爆発、<u>狂犬</u>、奔馬の類等の出現、極端な雑踏等危険な事態がある場合においては、その場に居合わせた者〔…略…〕に必要な警告を発し、及び特に急を要する場合においては、危害

を受ける虞のある者に対し、その場の危害を避けしめるために必要な限度でこれを引き留め、若しくは避難させ〔…略…〕ることができる。

③地名

愛知県にある「犬山市」という地名が、**「公職選挙法」**などに書かれています。

公職選挙法（昭和 25 年法律第 100 号）
別表第 I〔抜粋〕
　　　愛知県
〔…略…〕
第六区
　春日井市
　犬山市
　小枚市
〔…略…〕

○「猫」

「猫」が登場する法律は 6 件ありますが、猫単独で書かれているものはなく、いずれも、犬と一緒に出てきます。

①猫を販売するときは

「動物の愛護及び管理に関する法律」では、商売として犬や猫を販売することを「犬猫等販売業」と呼んでおり、必要な手続きを踏むことと定められています。

動物の愛護及び管理に関する法律（昭和48年法律第105号）
第10条第3項
　第1項の登録の申請をする者は、犬猫等販売業（犬猫等〔…略…〕の販売を業として行うことをいう。〔…略…〕）を営もうとする場合には、前項各号に掲げる事項のほか、同項の申請書に次に掲げる事項を併せて記載しなければならない。〔…略…〕

②猫を拾ったら

　落とし物を拾ったときは警察署に届けなければいけませんが、飼い主の分からない犬や猫を拾ったときは、都道府県に引き取ってもらうこともできます。その場合は警察署に届け出なくてもよいこととされています。

遺失物法（平成18年法律第73号）
第4条第1項
　拾得者は、速やかに、拾得をした物件を遺失者に返還し、又は警察署長に提出しなければならない。〔…略…〕
第3項
　前2項の規定は、動物の愛護及び管理に関する法律〔…略…〕第35条第3項に規定する犬又は猫に該当する物件について同項の規定による引取りの求めを行った拾得者については、適用しない。

③猫も「狂犬病」になる

　「狂犬病予防法」には、犬だけでなく、猫の狂犬病についても規定されています。

狂犬病予防法(昭和25年法律第247号)
第2条第1項
 この法律は、次に掲げる動物の狂犬病に限りこれを適用する。〔…略…〕
　一　犬
　二　猫その他の動物〔…略…〕であつて、狂犬病を人に感染させるおそれが高いものとして政令で定めるもの

「サッカー」vs「野球」

　昔、子どもたちの憧れのスポーツ選手といえば野球選手だったものですが、最近は、サッカーをする子も多いようですね。

　しかし野球も、「二刀流」や「カープ女子」など、まだまだ話題豊富です。

　さて、「サッカー」と「野球」、法律にはどちらがたくさん登場するでしょうか。

○「サッカー」

　「サッカー」は3件の法律に書かれています。

　一つ目は、サッカーくじについて定めている**「スポーツ振興投票の実施等に関する法律」**です。

> **スポーツ振興投票の実施等に関する法律（平成10年法律第63号）**
> **第2条**
> 　この法律において「スポーツ振興投票」とは、<u>サッカー</u>の複数の試合の結果についてあらかじめ発売されたスポーツ振興投票券によって投票をさせ、当該投票とこれらの試合の結果との合致の割合が文部科学省令で定める割合（以下「合致の割合」という。）に該当したスポーツ振興投票券を所有する者に対して、合致の割合ごとに一定の金額を払戻金として交付することをいう。

二つ目は、2002（平成14）年に日韓共催で開催されたサッカーワールドカップについて規定する**「平成十四年ワールドカップサッカー大会特別措置法」**です。

平成十四年ワールドカップサッカー大会特別措置法（平成10年法律第76号）
第1条
　この法律は、平成14年に開催されるワールドカップサッカー大会〔…略…〕の円滑な準備及び運営に資するため必要な特別措置について定めるものとする。

　三つ目は、「関税定率法」です。
　この中に、「サッカーのゴールキーパー用ジャージー」という言葉が出てきます。

関税定率法（明治43年法律第54号）
別表　関税率表〔抜粋〕
第95類　がん具、遊戯用具及び運動用具並びにこれらの部分品及び附属品
注1　この類には、次の物品を含まない。
　(e)〔…略…〕サッカーのゴールキーパー用ジャージー
　　〔…略…〕

○「野球」

　「野球」は、所得税法など4件の法律に書かれています。

例えば**「所得税法」**と**「印紙税法」**には「職業野球の選手」、**「都市公園法」**には「野球場」という言葉が登場します。

所得税法（昭和40年法律第33号）
第204条第1項〔抜粋〕
　居住者に対し国内において次に掲げる報酬若しくは料金、契約金又は賞金の支払をする者は、その支払の際、その報酬若しくは料金、契約金又は賞金について所得税を徴収し、その徴収の日の属する月の翌月10日までに、これを国に納付しなければならない。
　四　職業野球の選手〔…略…〕の業務に関する報酬又は料金

都市公園法（昭和31年法律第79号）
第2条第2項〔抜粋〕
　この法律において「公園施設」とは、都市公園の効用を全うするため当該都市公園に設けられる次の各号に掲げる施設をいう。
　五　野球場、陸上競技場、水泳プールその他の運動施設で
　　　政令で定めるもの

また、**「関税暫定措置法」**には「野球用のグローブ及びミット」という言葉が使われています。

関税暫定措置法（昭和35年法律第36号）
第8条第1項〔抜粋〕
　一　関税定率法別表〔…略…〕第四二・〇三項に該当する製

品のうち野球用のグローブ及びミット以外のもの〔…略…〕

 というわけで、法律に登場する数ではほぼ互角の戦いをしています。

第 1 章 ●「すいか」は「メロン」 法律に登場するこんな"決まり"

「すいか」は「メロン」

○あらゆる「物」の名前が載っている法律－関税定率法

あらゆる「物」の名前が載っている法律があります。

それは**「関税定率法」**です。その名の通り、物を輸入する際にかけられる関税の税率が決められています。

この法律には、「物」別に関税率の一覧表が載っています。

この一覧表は第1部から第21部まで分かれていますが、全部載せると膨大な量なので、見出しだけ並べてみます。

関税定率法（明治43年法律第54号）
別表　関税率表〔抜粋〕
　目次
　　第1部　動物（生きているものに限る。）及び動物性生産品
　　第2部　植物性生産品
　　第3部　動物性又は植物性の油脂及びその分解生産物、調製食用脂並びに動物性又は植物性のろう
　　第4部　調製食料品、飲料、アルコール、食酢、たばこ及び製造たばこ代用品
　　第5部　鉱物性生産品
　　第6部　化学工業（類似の工業を含む。）の生産品

第 7 部　プラスチック及びゴム並びにこれらの製品

第 8 部　皮革及び毛皮並びにこれらの製品、動物用装着具並びに旅行用具、ハンドバッグその他これらに類する容器並びに腸の製品

第 9 部　木材及びその製品、木炭、コルク及びその製品並びにわら、エスパルトその他の組物材料の製品並びにかご細工物及び枝条細工物

第 10 部　木材パルプ、繊維素繊維を原料とするその他のパルプ、古紙並びに紙及び板紙並びにこれらの製品

第 11 部　紡織用繊維及びその製品

第 12 部　履物、帽子、傘、つえ、シートステッキ及びむち並びにこれらの部分品、調製羽毛、羽毛製品、造花並びに人髪製品

第 13 部　石、プラスター、セメント、石綿、雲母その他これらに類する材料の製品、陶磁製品並びにガラス及びその製品

第 14 部　天然又は養殖の真珠、貴石、半貴石、貴金属及び貴金属を張つた金属並びにこれらの製品、身辺用模造細貨類並びに貨幣

第 15 部　卑金属及びその製品

第 16 部　機械類及び電気機器並びにこれらの部分品並びに録音機、音声再生機並びにテレビジョンの映像及び音声の記録用又は再生用の機器並びにこれらの部分品及び附属品

第 17 部　車両、航空機、船舶及び輸送機器関連品

第 18 部　光学機器、写真用機器、映画用機器、測定機器、検査機器、精密機器、医療用機器、時計及び楽器並びにこれらの部分品及び附属品

第 19 部　武器及び銃砲弾並びにこれらの部分品及び附

```
              属品
   第 20 部   雑品
   第 21 部   美術品、収集品及びこつとう
```

　食べ物から宝石、戦車まで、あらゆる物がこの別表に載っているわけですが、これを詳しく見ていくと、色々と面白いことに気づきます。

　ここでは、食べ物のところを見てみましょう。

○「すいか」は「メロン」

　果物のところには、次のように書かれている部分があります。

番　号	品　　名
08・07	パパイヤ及びメロン（すいかを含む。）（生鮮のものに限る。）
	メロン（すいかを含む。）
0807・11	すいか
0807・19	その他のもの
0807・20	パパイヤ

　ここでは、「メロン」という語に「すいか」を含むと規定されています。

　その下を見ると、まず「すいか」が挙げられ、「メロン」は「その他のもの」に含まれているようです。

○「いちご」じゃなくて「ストロベリー」

この表には「いちご」という言葉は書かれていません。「ストロベリー」と書かれています。

番　号	品　名
08・10	その他の果実（生鮮のものに限る。）
0810・10	ストロベリー

○いろんなパスタ

パスタの種類が、次のように具体的に挙げられています。

番　号	品　名
19・02	スパゲッティ、マカロニ、ヌードル、ラザーニヤ、ニョッキ、ラビオリ、カネローニその他のパスタ〔…略…〕

みなさんも、関税定率法の別表を眺めていると、意外な発見があるかもしれません。

何歳まで「子ども」?

「子ども」という言葉は、何歳までの人を指すのでしょうか。

「子ども」という言葉が書かれている法律を見ると、それぞれの法律の内容によって、対象となる「子ども」の範囲も異なっています。

○小学校就学前の人を指している事例

まず、小学校就学前の人を指している法律を見てみましょう。

それは**「就学前の子どもに関する教育、保育等の総合的な提供の推進に関する法律」**、いわゆる**「認定こども園法」**です。

> 就学前の子どもに関する教育、保育等の総合的な提供の推進に関する法律（平成18年法律第77号）
> 第2条第1項
> 　この法律において「子ども」とは、小学校就学の始期に達するまでの者をいう。

この法律は、幼稚園と保育所の特徴を兼ね備えた施設である「認定こども園」について定めた法律なので、対象者も小学校就学前の人ということになります。

○18歳になる年度までの人を指す法律

次に、18歳になる年度までの人を指す法律を見てみましょう。

一つ目は**「子ども・子育て支援法」**です。

> 子ども・子育て支援法（平成24年法律第65号）
> 第6条第1項
>   この法律において「子ども」とは、18歳に達する日以後の最初の3月31日までの間にある者をいい、「小学校就学前子ども」とは、子どものうち小学校就学の始期に達するまでの者をいう。

この法律は、少子化が進む中で、子どもや保護者を支援することを定めている法律で、18歳になる年度の終わりまでの人を「子ども」と呼んでいます。

なお、前述の**「就学前の子どもに関する教育、保育等の総合的な提供の推進に関する法律」**で「子ども」とされていた人が、この**「子ども・子育て支援法」**では「小学校就学前子ども」と呼ばれています。

二つ目は、**「平成二十三年度における子ども手当の支給等に関する特別措置法」**です。

> 平成二十三年度における子ども手当の支給等に関する特別措置法（平成 23 年法律第 107 号）
> **第 3 条第 1 項**
> 　この法律において「子ども」とは、18 歳に達する日以後の最初の 3 月 31 日までの間にある者であって、日本国内に住所を有するもの又は留学その他の厚生労働省令で定める理由により日本国内に住所を有しないものをいう。

ここでも、18 歳になる年度までの人を「子ども」と呼んでいますが、それに続いて、日本国内に住所があるか、留学などの理由で国外にいる人という要件が付いています。

◯ 15 歳になる年度までの人を指す場合

最後に、15 歳になる年度までの人を指す場合を見てみましょう。

そのように書かれているのは**「平成二十二年度等における子ども手当の支給に関する法律」**です。

> 平成二十二年度等における子ども手当の支給に関する法律（平成 22 年法律第 19 号）
> **第 3 条第 1 項**
> 　この法律において「子ども」とは、15 歳に達する日以後の最初の 3 月 31 日までの間にある者をいう。

法律で使われる用語の定義は、それぞれの法律の趣

旨や政策の内容によって異なり、「子ども」という言葉が指す範囲も、法律の内容に応じて様々なようです。

第1章 ●「すいか」は「メロン」 法律に登場するこんな"決まり"

何歳から「高齢者」？

　昔は「人生五十年」と言われたこともあったそうですが、現代は平均寿命が80歳くらいになり、「高齢者」「老人」という言葉も、とらえ方がずいぶん変わっているかもしれません。

　それでは、今の法律では、「高齢者」「老人」という言葉は何歳以上の人を指しているのでしょうか。

○「老人」

　まず、高齢者の福祉について定めた**「老人福祉法」**を見てみましょう。

　この**「老人福祉法」**には、「老人という言葉は、〜歳以上の人のことを指す」といったような、直接的な規定はありません。

　ただし、原則65歳以上の人について福祉の措置を講じるということを定めた条文があるので、この法律は65歳以上の人を「老人」としてとらえているということが、間接的に推測されます。

老人福祉法（昭和38年法律第133号）
第5条の4第1項
　65歳以上の者〔…略…〕に対する〔…略…〕福祉の措置は、

〔…略…〕市町村が行うものとする。〔…略…〕。

○「高齢者」①

次に、高齢者の方の安心できる住まいを確保することについて定めている**「高齢者の居住の安定確保に関する法律」**を見てみます。

ここでは、60歳以上の方を「高齢者」としています。

高齢者の居住の安定確保に関する法律（平成13年法律第26号）
第52条
　自ら居住するため住宅を必要とする高齢者（60歳以上の者〔…略…〕に限る。〔…略…〕）〔…略…〕

○「高齢者」②

「高齢者」という言葉について、もう一つ見てみましょう。

高齢者への虐待を防止することなどについて定めている**「高齢者虐待の防止、高齢者の養護者に対する支援等に関する法律」**には、「高齢者」という言葉は65歳以上の方を指すことが書かれています。

> 高齢者虐待の防止、高齢者の養護者に対する支援等に関する法律（平成17年法律第124号）
> **第2条第1項**
> 　この法律において「高齢者」とは、65歳以上の者をいう。

○「老齢」

最後に、「老齢」という言葉はどうでしょうか。

公的年金には、「老齢基礎年金」という年金があります。

これについて定めている**「国民年金法」**を見てみると、65歳以上の人に支給すると書かれています。

> 国民年金法（昭和34年法律第141号）
> **第26条**
> 　老齢基礎年金は、保険料納付済期間〔…略…〕を有する者が65歳に達したときに、その者に支給する。〔…略…〕

「高齢者」という言葉も、「子ども」と同じように、それぞれの法律の趣旨や政策の内容によって、その範囲が異なってくるのですね。

麻雀、マージャン、まあじゃん

西原理恵子さんの「まあじゃんほうろうき」という漫画から麻雀を覚えました。

そこから始まって、西原さんのファンになったのですが、肝心の麻雀の腕の方は結局上達しませんでした。

さて、麻雀は法律に登場しているのでしょうか。

◯「麻雀」はない

まず、「麻雀」と漢字で書く例は、法律にはありません(省令には例があります)。

◯「マージャン」はある

「マージャン」とカタカナで書く例は、**「建築基準法」**に登場します。

建築基準法(昭和 25 年法律第 201 号)
別表第 2　用途地域等内の建築物の制限〔抜粋〕
(ほ)第一種住居地域内に建築してはならない建築物
二　マージャン屋、ぱちんこ屋、射的場、勝馬投票券発売所、場外車券売場その他これらに類するもの

「第一種住居地域」とは、住居の環境を守るため、大きな店舗や事務所などの建設が制限されている地域

のことですが、そこに建築してはならない建築物の一つとして、「マージャン屋」と書かれています。

◯「まあじゃん」もある

「まあじゃん」と書くと、やはり「まあじゃんほうろうき」を思い起こさせますが、そのように書く例がありました。

これは、**「風俗営業等の規制及び業務の適正化等に関する法律」**に出てきます。

> 風俗営業等の規制及び業務の適正化等に関する法律（昭和23年法律第122号）
> 第2条第1項〔抜粋〕
> 　この法律において「風俗営業」とは、次の各号のいずれかに該当する営業をいう。
> 　四　まあじやん屋、ぱちんこ屋その他設備を設けて客に射幸心をそそるおそれのある遊技をさせる営業

このように、「まあじやん屋」が「風俗営業」の一つとして掲げられています。

なお、ここでは大きな「や」が使われています。

「電子メール」も法律に登場

　日常生活でも仕事でも今や欠かせなくなった電子メールですが、法律では、「電子メール」とはどういうものだと定められているのでしょうか。

　「電子メール」の定義は、**「特定電子メールの送信の適正化等に関する法律」**に書かれています。

　条文を見てみましょう。

特定電子メールの送信の適正化等に関する法律（平成14年法律第26号）
第2条
　この法律において、次の各号に掲げる用語の意義は、当該各号に定めるところによる。
　一　電子メール　特定の者に対し通信文その他の情報をその使用する通信端末機器〔…略…〕の映像面に表示されるようにすることにより伝達するための電気通信〔…略…〕をいう。
　〔…略…〕

　このように、「電子メール」とは、
・特定の者に対し
・通信文その他の情報を
・その（＝送信相手の）使用する通信端末機器の映像面に表示されるようにすることにより

・伝達する

ための電気通信

ということです。

　メールの文章は「通信文」、相手のパソコンやケータイなどは「通信端末機器」と書かれています。

　そして、相手のパソコンやケータイの画面にメールの文章が表示されることを「映像面に表示されるようにする」と書いているわけです。

○「メールアドレス」は何と書かれている？

　「メールアドレス」はどう定義されているかというと、同じく第2条に、次のように書かれています。

> **特定電子メールの送信の適正化等に関する法律（平成14年法律第26号）**
> **第2条**
> 〔…略…〕
> 　三　電子メールアドレス　電子メールの利用者を識別するための文字、番号、記号その他の符号をいう。
> 〔…略…〕

　なるほど、電子メールの利用者（メールを送る人、送られる人）を一人ひとり識別するための符号ということですね。

　そして、「文字、番号、記号」として、「abc…」「123…」「-._」などを表しているわけです。

「ドローン」もやってきた

最近、ドローンが急速に世の中に広まってきましたね。

ここでは、「ドローン」が法律で何と呼ばれているのか、見ていきたいと思います。

〇ドローンは「小型無人機」

2015（平成27）年、ドローンが首相官邸に落下する事件をきっかけに、ドローンをむやみに飛ばして良いのか、という議論が起こりました。その結果、航空法が改正され、ドローンへの規制が盛り込まれました。

そして2016（平成28）年、国の重要な施設などの周辺でドローンを飛ばすことを禁止する法律が制定されました。

それが、**「国会議事堂、内閣総理大臣官邸その他の国の重要な施設等、外国公館等及び原子力事業所の周辺地域の上空における小型無人機等の飛行の禁止に関する法律」**です。

この中で、ドローンは「小型無人機」と呼ばれています。

そして、「小型無人機」とはどういうものか、規定されています。

国会議事堂、内閣総理大臣官邸その他の国の重要な施設等、外国公館等及び原子力事業所の周辺地域の上空における小型無人機等の飛行の禁止に関する法律（平成28年法律第9号）第2条第3項
　この法律において「小型無人機」とは、飛行機、回転翼航空機、滑空機、飛行船その他の航空の用に供することができる機器であって構造上人が乗ることができないもののうち、遠隔操作又は自動操縦（プログラムにより自動的に操縦を行うことをいう。）により飛行させることができるものをいう。

つまり、「小型無人機」とは、
・空に飛ばせる機械である
・人が乗れない構造になっている
・遠隔操作、自動操縦で飛ばす
というものを指しています。
　ドローンを法律的に書くと、このようになるわけです。

○ドローンを飛ばしてはいけない場所
　この法律は、続いて、ドローンを飛ばしてはならない場所を列挙しています。
　例えば以下のような施設です。
・国会議事堂
・首相官邸
・皇居・御所
・外国公館

・原子力事業所

など

国会議事堂、内閣総理大臣官邸その他の国の重要な施設等、外国公館等及び原子力事業所の周辺地域の上空における小型無人機等の飛行の禁止に関する法律（平成 28 年法律第 9 号）
第 2 条第 1 項
　この法律において「対象施設」とは、次に掲げる施設をいう。
一　国の重要な施設等として次に掲げる施設
　イ　国会議事堂、〔…略…〕その他国会に置かれる機関〔…略…〕の庁舎〔…略…〕であって東京都千代田区永田町一丁目又は二丁目に所在するもの
　ロ　内閣総理大臣官邸〔…略…〕
　ハ　ロに掲げるもののほか、〔…略…〕危機管理に関する機能を維持するため特に必要なものとして政令で定めるもの
　ニ　最高裁判所の庁舎であって東京都千代田区隼町に所在するもの
　ホ　皇居及び御所であって東京都港区元赤坂二丁目に所在するもの
　ヘ　〔…略…〕対象政党事務所として指定された施設
二　〔…略…〕対象外国公館等として指定された施設
三　〔…略…〕対象原子力事業所として指定された施設
第 8 条第 1 項
　何人も、対象施設周辺地域の上空において、小型無人機等の飛行を行ってはならない。

○要人が地方に行く時はどうする？

このように、国会議事堂や首相官邸などは法律に明記されていますが、では、要人が地方に行く場合などはどうなるのでしょうか。

2016（平成28）年5月に伊勢志摩サミットが開かれました。

この時、各国の首脳が伊勢志摩に集合したわけですが、会場とその周辺地域は、外務省の告示により「対象外国公館等」として指定され、サミットの期間中は飛行禁止区域となりました。

平成28年5月20日外務省告示第173号〔抜粋〕
伊勢志摩サミット関連行事の三重県志摩市開催に際し、国会議事堂、内閣総理大臣官邸その他の国の重要な施設等、外国公館等及び原子力事業所の周辺地域の上空における小型無人機等の飛行の禁止に関する法律（平成28年法律第9号）第5条第1項、第2項及び第3項の規定に基づき、対象外国公館等及び当該対象外国公館等の敷地並びに当該対象外国公館等に係る対象施設周辺地域を次のとおり指定する。
一　中部国際空港

期間	平成28年5月25日から平成28年5月28日まで
（…略…）	

二　志摩スペイン村第三駐車場
〔…略…〕
三　伊勢神宮（内宮）

〔…略…〕
　四　志摩観光ホテル
　〔…略…〕
　五　宝生苑
　〔…略…〕
　六　平和記念公園
　〔…略…〕

> # 法律にも「IOT」
> # (インターネット・オブ・シングス) の波が

「IOT」(インターネット・オブ・シングス)という言葉が注目されています。

これは、「モノのインターネット」とも言われ、あらゆる物がインターネットにつながるという意味です。

例えば、冷蔵庫がインターネットにつながるとどうなるでしょうか。

スーパーに行ったとき、家の冷蔵庫に何が入っているかスマホで確認して、「キャベツが無いから買っていこう」といったように、便利な使い方ができるようになるかもしれません。

さて、この「インターネット・オブ・シングス」という言葉が、最近、法律に初めて登場しました。

○特定通信・放送開発事業実施円滑化法

2016(平成28)年5月31日に、**特定通信・放送開発事業実施円滑化法**という法律が改正され、「インターネット・オブ・シングス」という言葉が書かれました。

この法律改正では、IOTの実現に向けた技術開発に関連して、国の関係法人が資金の援助を行うこととされました。

その中で、IOT の実現とはどういうことか、定義が書かれています。

> **特定通信・放送開発事業実施円滑化法（平成 2 年法律第 35 号）**
> **附則第 5 条第 2 項**
> 　前項において、次の各号に掲げる用語の意義は、それぞれ当該各号に定めるところによる。
> 　一　新技術開発施設供用事業　<u>インターネット・オブ・シングスの実現</u>（インターネットに多様かつ多数の物が接続され、及びそれらの物から送信され、又はそれらの物に送信される大量の情報の円滑な流通が国民生活及び経済活動の基盤となる社会の実現をいう。）に資する新たな電気通信技術の開発又はその有効性の実証のための設備（これを設置するための建物その他の工作物を含む。）を他人の利用に供する事業をいう。

ちょっと条文をほぐしてみましょう。
IOT の実現とは、
・インターネットに多様な物・多数の物が接続される社会
・インターネットに接続された物が、大量の情報をスムーズに送受信することが、国民生活・経済活動の基盤となる社会
を実現することである……と書かれています。

　国が本格的に、IOT の実現に向けて乗り出したということですね。

「AI」も法律を無視できない

2016（平成28）年は、人工知能（AI）が囲碁のトップ棋士を破ったり、大企業がAIに関連する事業に乗り出したりするなど、AIが急に身近なものになってきた年でした。

さて、法律にはAIは登場するでしょうか。

○官民データ活用推進基本法

2016（平成28）年に作られた**「官民データ活用推進基本法」**という法律に、「人工知能」という言葉が初めて登場しました。

> 官民データ活用推進基本法（平成28年法律第103号）
> **第2条第2項**
> 　この法律において「人工知能関連技術」とは、人工的な方法による学習、推論、判断等の知的な機能の実現及び人工的な方法により実現した当該機能の活用に関する技術をいう。

ここでは、「人工知能」を、人工的な方法による学習、推論、判断等の知的な機能としています。

この法律は、国や民間の所有する大量のデータ（官民データ）を活用して、安全・安心な社会や快適な生活環境を実現することを目的としています。

そして、官民データの活用のために、AIやIOT（インターネット・オブ・シングス）、クラウドコンピューティングなどの先端技術を活用することを定めています。

官民データ活用推進基本法（平成28年法律第103号）
第3条第8項
　官民データ活用の推進に当たっては、官民データの効果的かつ効率的な活用を図るため、人工知能関連技術、インターネット・オブ・シングス活用関連技術、クラウド・コンピューティング・サービス関連技術その他の先端的な技術の活用が促進されなければならない。

先端的な技術が広まっていくのに対応して、法律も整備されてきているのですね。

第2章

トイレからオリンピックまで
この世は法律でできている

1 社会のここにも法律が

トイレと法律

私たちの生活に欠かせない「トイレ」について、法律はどのような決まりを設けているでしょうか。

○造るなら水洗トイレ

まずは、建物を造る時に必須の**「建築基準法」**から。

> **建築基準法（昭和 25 年法律第 201 号）**
> **第 31 条第 1 項**
> 　下水道法〔…略…〕第 2 条第 8 号に規定する処理区域内においては、便所は、<u>水洗便所</u>〔…略…〕以外の便所としてはならない。
> **第 2 項**
> 　便所から排出する汚物を〔…略…〕公共下水道以外に放流しようとする場合においては、屎尿浄化槽〔…略…〕を設けなければならない。

このように、
・下水道の処理区域内では、トイレは水洗でなければならない

・トイレの汚物を公共下水道以外に流す場合は、浄化槽を設けなければならない
ということが書かれています。

○公衆トイレを造ろう

「廃棄物の処理及び清掃に関する法律」では、市町村に対して、必要なところに公衆トイレを造ることが義務づけられています。

> **廃棄物の処理及び清掃に関する法律（昭和45年法律第137号）**
> **第5条第6項**
> 　市町村は、必要と認める場所に、<u>公衆便所</u>及び公衆用ごみ容器を設け、これを衛生的に維持管理しなければならない。

○公衆トイレには、建ぺい率は適用されない

次は、**「建築基準法」**の、建ぺい率に関する条文です。

> **建築基準法（昭和25年法律第201号）**
> **第53条第1項**
> 　建築物の建築面積〔…略…〕の敷地面積に対する割合（以下「建ぺい率」という。）は、次の各号に掲げる区分に従い、当該各号に定める数値を超えてはならない。
> 〔…略…〕
> **第5項**

前各項の規定は、次の各号のいずれかに該当する建築物については、適用しない。
〔…略…〕
　二　巡査派出所、<u>公衆便所</u>、公共用歩廊その他これらに類するもの
〔…略…〕

　第53条では、用途地域などの別に、建ぺい率が定められていますが、第5項で、公衆トイレについては適用しないとしています。

○雨水を利用しよう

　「雨水の利用の推進に関する法律」によると、水洗トイレについて、雨水の利用を推進することとされています。

　そして、国や地方公共団体はそのための施策を実施し、事業者や国民はそれに協力するよう努めることとされています。

雨水の利用の推進に関する法律（平成26年法律第17号）
第2条第1項
　この法律において「雨水の利用」とは、雨水を一時的に貯留するための施設に貯留された雨水を<u>水洗便所</u>の用、散水の用その他の用途に使用すること〔…略…〕をいう。〔…略…〕
第3条第1項
　国は、雨水の利用の推進に関する総合的な施策を策定し、

及び実施するものとする。
第4条第1項
　地方公共団体は、その区域の自然的社会的条件に応じて、雨水の利用の推進に関する施策を策定し、及び実施するよう努めなければならない。
第5条
　事業者及び国民は、自らの雨水の利用に努めるとともに、国又は地方公共団体が実施する雨水の利用の推進に関する施策に協力するよう努めるものとする。

○トイレで喫煙しないで

「航空法」によると、航空機の機長は、航空機内のトイレでは喫煙しないように命令することができます。

航空法（昭和27年法律第231号）
第73条の4第5項
　機長は、航空機内にある者が、〔…略…〕便所において喫煙する行為〔…略…〕をしたときは、その者に対し、〔…略…〕当該行為を反復し、又は継続してはならない旨の命令をすることができる。

「お年玉」はいくらまで?

「お年玉」という言葉が、法律に登場します。

○お年玉付き年賀はがき

「お年玉付郵便葉書等に関する法律」という法律があります。

お正月におなじみの、お年玉付き年賀はがきについて定めたものです。

> **お年玉付郵便葉書等に関する法律(昭和24年法律第224号)第1条第1項**
> 日本郵便株式会社〔…略…〕は、年始その他特別の時季の通信に併せて、くじ引によりお年玉等として金品を贈るくじ引番号付きの郵便葉書又は郵便切手(以下「お年玉付郵便葉書等」という。)を発行することができる。

このように、年賀はがきの抽選に当たった場合の景品は、法律上「お年玉」とされていることが分かります。

なお、お年玉「等」とありますが、暑中見舞いはがき「かもめ〜る」の景品がこの「等」に当たります。

○お年玉はいくらまで？

さて、このお年玉は、高額なものでもよいのでしょうか。

お年玉付郵便葉書等に関する法律（昭和24年法律第224号）第1条第2項
　前項の金品の単価は、同項の郵便葉書の料額印面又は同項の郵便切手に表された金額の5000倍に相当する額を超えてはならず、その総価額は、お年玉付郵便葉書等の発行総額の100分の5に相当する額を超えてはならない。

　法律によると、景品の単価は、はがきの料金の5,000倍までとされています。
　一般的には、**「不当景品類及び不当表示防止法」**（昭和37年法律第134号）にもとづく告示によって、景品の単価は、その物についている値段の20倍までとされていますので、さすがお年玉は豪華にできるのですね。

仏像は法律で守られている

仏像は尊いもの、ないがしろにしたらバチが当たりますね。

法律も、仏像を大切にしています。

○税金を滞納した場合でも

国の税金を徴収することについて定めている**「国税徴収法」**を見てみましょう。

> 国税徴収法（昭和 34 年法律第 147 号）
> 第 75 条第 1 項
> 　次に掲げる財産は、差し押えることができない。
> 〔…略…〕
> 　七　仏像、位牌その他礼拝又は祭祀に直接供するため欠くことができない物
> 〔…略…〕

国の税金を滞納すると、財産を差し押さえられることがありますが、仏像は差し押さえることができない物として挙げられています。

○借金を返さない場合でも

例えば、誰かからお金を借りて返さないような場合

も、財産を差し押さえられることがあります。
　そのようなときの決まりが書かれている**「民事執行法」**を見てみます。

民事執行法（昭和54年法律第4号）
第131条
　次に掲げる動産は、差し押さえてはならない。
〔…略…〕
　　八　仏像、位牌その他礼拝又は祭祀に直接供するため欠く
　　　ことができない物
〔…略…〕

　このように、借金を返さない場合でも、仏像は差し押さえできないということになっています。
　そうはいっても、お金を借りたら早目に返しましょう……。

温泉と法律

○「温泉」とは何か？ それは法律が決めている

温泉はお好きですか？

日本は世界から見ても火山が多い地域にあるため、各地に温泉の名所があります。

最近では温泉をメインとしたテーマパークなどもあるようで、レジャーには欠かせない場所の一つとなっています。

そのように、日本人にはなじみの深い温泉ですが、具体的にどんなものを「温泉」というのでしょうか。

実は、「温泉」の定義は、法律で決められています。

ここでは、法律が語る「温泉」について見ていきましょう。

○温泉について定める法律「温泉法」

温泉の定義は**「温泉法」**という法律に書かれています。

温泉法（昭和23年法律第125号）
第2条第1項
　この法律で「温泉」とは、地中からゆう出する温水、鉱水及び水蒸気その他のガス（炭化水素を主成分とする天然ガス

を除く。)で、別表に掲げる温度又は物質を有するものをいう。

○天然のものだけが「温泉」

温泉法では、「地中からゆう出する」温水などが温泉に当たるとされています。

つまり、天然に湧き出たもののみが温泉となるようです。

一方、人工的に水を温め、薬効のある成分を入れることで天然温泉と同じような効能を得られる人工温泉がありますが、これは「地中からゆう出する」ものではないため、法律上の温泉には当たらないことになります。

○水蒸気だけでも「温泉」

また、この条文では、地中から湧き出る「水蒸気その他のガス」も温泉に含まれるとされています。

つまり、水蒸気だけでも「温泉」になるわけです。

○化学の教科書っぽい

「温泉法」の別表を見ると、さらに詳しい「温泉」の定義が分かります。

温泉法（昭和 23 年法律第 125 号）
別表

一 温　度（温泉源から採取されるときの温度とする。）
　　　　　　　　　　　　　　　　　　　摂氏 25 度以上
二 物　質（左に掲げるもののうち、いづれか一）
　　　物質名　　　　　　　　　含有量（1 キログラム中）
　　溶存物質（ガス性のものを除く。）
　　　　　　　　　　　　　総量 1,000 ミリグラム以上
　　遊離炭酸（CO_2）　　　　　250 ミリグラム以上
　　リチウムイオン（Li^+）　　　1 ミリグラム以上
　　ストロンチウムイオン（Sr^{++}）　10 ミリグラム以上
　　バリウムイオン（Ba^{++}）　　5 ミリグラム以上
　　フエロ又はフエリイオン（Fe^{++}, Fe^{+++}）
　　　　　　　　　　　　　　　10 ミリグラム以上
　　第一マンガンイオン（Mn^{++}）　10 ミリグラム以上
　　水素イオン（H^+）　　　　　1 ミリグラム以上
　　臭素イオン（Br^-）　　　　　5 ミリグラム以上
　　沃素イオン（I^-）　　　　　1 ミリグラム以上
　　ふつ素イオン（F^-）　　　　2 ミリグラム以上
　　ヒドロひ酸イオン（$HAsO_4^{''}$）　1.3 ミリグラム以上
　　メタ亜ひ酸（$HAsO_2$）　　　1 ミリグラム以上
　　総硫黄（S）〔$HS^-+S_2O_3^{''}+H_2S$ に対応するもの〕
　　　　　　　　　　　　　　　1 ミリグラム以上
　　メタほう酸（HBO_2）　　　　5 ミリグラム以上
　　メタけい酸（H_2SiO_3）　　　50 ミリグラム以上
　　重炭酸そうだ（$NaHCO_3$）　340 ミリグラム以上
　　ラドン（Rn）　　20（100 億分の 1 キュリー単位）以上
　　ラヂウム塩（Ra として）　1 億分の 1 ミリグラム以上

◯温泉のイメージと規定とのギャップ

 このようにしてみると、一定の温度があり、炭酸温泉や硫黄温泉、ラヂウム温泉など、もとになる鉱物が入っている水などが温泉ということになります。
 ただし、第2条第1項の条文をよく見てみると、「温度又は物質を有するもの」と規定されています。
 つまり、
・25度以上の温度さえあれば、特別な鉱物が含まれていない普通の真水でも温泉ということになる
・逆に、特別な鉱物が入っていれば、温かくなくても温泉として認められる
ということです。

アイスクリームと法律

法律には、「アイスクリーム」も登場します。

○ココアがあってもなくてもアイスクリーム

あらゆる物の関税率を定めている**「関税定率法」**を見てみましょう。

関税定率法（明治 43 年法律第 54 号）
別表　関税率表〔抜粋〕
第 21 類　各種の調製食料品

番　号	品　名
2105・00	アイスクリームその他の氷菓（ココアを含有するかしないかを問わない。） 　一　砂糖を加えたもの 　　㈠　しょ糖の含有量が全重量の 50％ 未満のもの 　　㈡　その他のもの 　二　その他のもの

「アイスクリームその他の氷菓」について、「ココアを含有するかしないかを問わない」と、念入りに書かれているところが、目をひきます。

これは日本の法律に限った話ではなく、**「関税及び貿易に関する一般協定のジュネーヴ議定書」**（千九百

八十七年)(昭和62年条約第13号)をはじめ、多くの条約で同様に書かれています。

○アイスクリームの仲間には三つある

省令を見ると、アイスクリームの仲間には三つあることが分かります。

「乳及び乳製品の成分規格等に関する省令」を見てみましょう。

乳及び乳製品の成分規格等に関する省令(昭和26年厚生省令第52号)
別表〔抜粋〕
二　乳等の成分規格並びに製造、調理及び保存の方法の基準
　(三)　乳製品の成分規格並びに製造及び保存の方法の基準
　　(7)　アイスクリーム
　　　　乳固形分　　　　15.0％ 以上
　　　　うち乳脂肪分　　8.0％ 以上
　　(8)　アイスミルク
　　　　乳固形分　　　　10.0％ 以上
　　　　うち乳脂肪分　3.0％ 以上
　　(9)　ラクトアイス
　　　　乳固形分　　　　3.0％ 以上

このように、乳固形分や乳脂肪分の含有率によって、「アイスクリーム」「アイスミルク」「ラクトアイス」の三つに分類されています。

○アイスクリームで「当たり」が出たら

アイスクリームを食べて「当たり」の字が出ると嬉しいですね。

この場合、もらえる景品の値段には上限があります。

公正取引委員会の告示によると、景品の額は、アイスクリームの値段の20倍までだそうです。

アイスクリーム類及び氷菓業における景品類の提供の制限に関する公正競争規約（昭和60年公正取引委員会告示第2号）別記
第3条〔抜粋〕
　事業者は、一般消費者に対し、次に掲げる範囲を超えて景品類を提供してはならない。
(1) 懸賞により提供する景品類にあっては、「懸賞による景品類の提供に関する事項の制限」（昭和52年公正取引委員会告示第3号）の範囲

懸賞による景品類の提供に関する事項の制限（昭和52年公正取引委員会告示第3号）〔抜粋〕
2　懸賞により提供する景品類の最高額は、懸賞に係る取引の価額の20倍の金額（当該金額が10万円を超える場合にあつては、10万円）を超えてはならない。

「心配」や「悩み」はないが、「懸念」はある

法律は、世の中の色々な問題を解決するために作られるものですから、法律を探ってみれば、今の世の中の心配事が分かります。

では、法律にはどんな「心配」事が書かれているでしょうか。

「心配」「悩み」などの言葉が法律に使われているか、探してみました。

○「心配」……なし

まず「心配」という言葉は、見当たりませんでした。

○「悩み」……なし

次に、「悩み」という言葉を探してみましたが、これも法律には使われていませんでした。

○「懸念」……あり

それでは、ニュースなどで耳にする「懸念」という言葉ではどうでしょうか。

探してみたところ、6つの「懸念」が見つかりました。

○南海トラフ地震が「懸念」されている

「強くしなやかな国民生活の実現を図るための防災・減災等に資する国土強靱化基本法」では、南海トラフ地震の発生が「懸念」されるとされています。

> 強くしなやかな国民生活の実現を図るための防災・減災等に資する国土強靱化基本法（平成25年法律第95号）
> 前文
> 〔…略…〕我が国においては、21世紀前半に<u>南海トラフ沿いで大規模な地震が発生することが懸念されており</u>、加えて、首都直下地震、火山の噴火等による大規模自然災害等が発生するおそれも指摘されている。〔…略…〕

○情報漏えいの危険性が「懸念」されている

「特定秘密の保護に関する法律」では、ネットワーク社会において、国や国民の安全に関する情報の漏えいが「懸念」されるとされています。

> 特定秘密の保護に関する法律（平成25年法律第108号）
> 第1条
> 　この法律は、国際情勢の複雑化に伴い我が国及び国民の安全の確保に係る情報の重要性が増大するとともに、高度情報通信ネットワーク社会の発展に伴いその<u>漏えいの危険性が懸念される</u>中で、〔…略…〕。

◯児童虐待は、将来の世代の育成に「懸念」を及ぼす

「児童虐待の防止等に関する法律」では、児童虐待が、将来の世代の育成に「懸念」を及ぼすとされています。

> 児童虐待の防止等に関する法律(平成12年法律第82号)
> 第1条
> 　この法律は、児童虐待が児童の人権を著しく侵害し、その心身の成長及び人格の形成に重大な影響を与えるとともに、我が国における将来の世代の育成にも懸念を及ぼすことにかんがみ、〔…略…〕。

◯社会における格差が「懸念」されている

「労働者の職務に応じた待遇の確保等のための施策の推進に関する法律」では、労働者の待遇や雇用の安定性の格差が、社会における格差の固定化につながることが「懸念」されるとされています。

> 労働者の職務に応じた待遇の確保等のための施策の推進に関する法律(平成27年法律第69号)
> 第1条
> 　この法律は、近年、雇用形態が多様化する中で、雇用形態により労働者の待遇や雇用の安定性について格差が存在し、それが社会における格差の固定化につながることが懸念されていることに鑑み、〔…略…〕。

○住宅金融専門会社の不良債権問題のため、我が国における金融の機能に対する信頼が低下することなどが「懸念」される

「特定住宅金融専門会社の債権債務の処理の促進等に関する特別措置法」では、住宅金融専門会社の不良債権問題のため、わが国における金融の機能に対する内外の信頼が大きく低下することなどが「懸念」されるとされています。

> 特定住宅金融専門会社の債権債務の処理の促進等に関する特別措置法（平成8年法律第93号）
> 第1条
> 　この法律は、住宅金融専門会社が回収の困難となった多額の貸付債権等を有することから金融機関等からの多額の借入債務の返済に困窮している状況の下で、関係当事者によるこれらの債権債務の処理が極めて困難となっていることにより、<u>我が国における金融の機能に対する内外の信頼が大きく低下するとともに信用秩序の維持に重大な支障が生じることとなることが懸念される</u>事態にあることにかんがみ、〔…略…〕。

○製造業の衰退が「懸念」される

「ものづくり基盤技術振興基本法」では、製造業の衰退が「懸念」されるとされています。

> **ものづくり基盤技術振興基本法（平成 11 年法律第 2 号）**
> **前文**
> 〔…略…〕近時、就業構造の変化、海外の地域における工業化の進展等による競争条件の変化その他の経済の多様かつ構造的な変化による影響を受け、<u>国内総生産に占める製造業の割合が低下し、その衰退が懸念される</u>〔…略…〕。

　振り返ってみると、「地震」「情報漏えい」「将来世代の育成」「社会における格差」「金融機能への信頼低下」「製造業の衰退」と、社会の色々な分野で「懸念」があることが分かりますね。

オリンピックと法律①

2020年の東京オリンピックが間近に迫ってきました。今からワクワクしますね。

さて、法律は、オリンピックとも関係があります。

○東京オリンピックと法律

まず、2020年の東京オリンピックについて定められた法律を紹介します。

それは、**「平成三十二年東京オリンピック競技大会・東京パラリンピック競技大会特別措置法」**です。

どんなことが書かれているのでしょうか。

第1条を見てみましょう。

> **平成三十二年東京オリンピック競技大会・東京パラリンピック競技大会特別措置法（平成27年法律第33号）**
> **第1条**
> 　この法律は、平成32年に開催される東京オリンピック競技大会及び東京パラリンピック競技大会（以下「大会」と総称する。）が大規模かつ国家的に特に重要なスポーツの競技会であることに鑑み、大会の円滑な準備及び運営に資するため、東京オリンピック競技大会・東京パラリンピック競技大会推進本部の設置及び基本方針の策定等について定めるとともに、国有財産の無償使用等の特別の措置を講ずるものとする。

これをほぐしてみると、

東京オリンピック・パラリンピックは国家的に特に重要

そこで、

①推進本部を設置する

②基本方針を策定する

③国の財産を無償で使用できるなどの特別措置を講じる

ということが書かれています。

○「特別措置」とは

では、このうち③の「特別措置」について、具体的には何が書かれているのでしょうか。

この法律には、次の3つが定められています。

ア　国有財産を無償で使ってもらう

国は、オリンピックの準備・運営に当たり、オリンピック組織委員会に対して、国有財産を無償で使わせることができると書かれています。

平成三十二年東京オリンピック競技大会・東京パラリンピック競技大会特別措置法（平成 27 年法律第 33 号）
第 14 条
　国は、〔…略…〕組織委員会が大会の準備又は運営のために使用する施設の用に供される〔…略…〕国有財産を、組織委員会又は当該施設を設置する者に対し、無償で使用させる

ことができる。

イ お年玉付き年賀はがきで資金を調達

お年玉付き年賀はがきで調達された資金を、大会の準備・運営にあてることができるとされています。

平成三十二年東京オリンピック競技大会・東京パラリンピック競技大会特別措置法（平成 27 年法律第 33 号）
第 15 条
お年玉付郵便葉書等に関する法律〔…略…〕第 5 条第 1 項に規定する寄附金付郵便葉書等は、〔…略…〕組織委員会が調達する大会の準備及び運営に必要な資金に充てることを寄附目的として発行することができる。〔…略…〕

ウ 国の職員を組織委員会に派遣する

大会の準備・運営の業務のうち、国の事務と密接に関連するものを処理するために、国は、組織委員会の要請を受けて、職員を組織委員会に派遣できるとされています。

派遣された職員は、外国政府との調整や、警備計画・輸送計画の作成、海外からの賓客の接遇などの事務を行います。

平成三十二年東京オリンピック競技大会・東京パラリンピック競技大会特別措置法（平成 27 年法律第 33 号）

第 16 条第 1 項
 組織委員会は、大会の準備及び運営に関する業務のうち、スポーツに関する外国の行政機関その他の関係機関との連絡調整、大会の会場その他の施設の警備に関する計画及び選手その他の関係者の輸送に関する計画の作成、海外からの賓客の接遇〔…略…〕を円滑かつ効果的に行うため、国の職員〔…略…〕を組織委員会の職員として必要とするときは、〔…略…〕その派遣を要請することができる。

第 17 条第 1 項
 任命権者は、前条第 1 項の規定による要請があった場合において、〔…略…〕国の事務又は事業との密接な連携を確保するために相当と認めるときは、これに応じ、〔…略…〕国の職員を組織委員会に派遣することができる。

オリンピックと法律②

　2020年の東京オリンピックのほか、過去に日本で開催されたオリンピックの際も、法律が作られました。

◯ 1964年の東京オリンピック

　1964（昭和39）年の東京オリンピックの際は、**「オリンピック東京大会の準備等のために必要な特別措置に関する法律」**が定められました。

　どんなことが書かれていたのでしょうか。

> オリンピック東京大会の準備等のために必要な特別措置に関する法律（昭和36年法律第138号）
> 第1条
> 　この法律は、昭和39年に開催されるオリンピック東京大会〔…略…〕の円滑な準備及び運営並びに大会に備えての選手の競技技術の向上（以下「大会の準備等」という。）に資するため必要な特別措置について定めるものとする。

　当時の法律は、「選手の競技技術の向上」も目的としていたことが分かります。

　また、国有財産の無償使用や、お年玉付き年賀はがきによる資金調達の規定は今回のオリンピックと同様に置かれていたほか、経費を国が補助できるという規

定がありました。

オリンピック東京大会の準備等のために必要な特別措置に関する法律（昭和36年法律第138号）
第2条
　国は、大会の準備及び運営を行なうことを目的とする政令で定める法人〔…略…〕に対し、大会の準備又は運営に要する経費について、予算の範囲内において、その一部を補助することができる。

　そのほか、当時ならではの規定として、大会準備の資金調達について、日本専売公社、日本国有鉄道、日本電信電話公社（今のJT、JR、NTT）が援助できるという規定が置かれています。
　そのうち、日本国有鉄道に関する規定を見てみましょう。

オリンピック東京大会の準備等のために必要な特別措置に関する法律（昭和36年法律第138号）
第5条第2項
　<u>日本国有鉄道</u>は、広告事業を行なう者が、日本国有鉄道の管理する施設を利用して広告事業を行なう場合において、当該事業による収入金の全部または一部を、大会準備資金に充てることを寄附目的として資金財団に寄附するときは、当該事業の遂行に関し、便宜の供与その他の援助を行なうことができる。

○札幌オリンピック、長野オリンピック

このほか、1972年の札幌冬季オリンピック、1998年の長野冬季オリンピックについても、それぞれ法律が作られています。

札幌オリンピックの際は、前回の東京オリンピックのときと同様に、

- ・国による経費の補助
- ・国有財産の無償使用
- ・お年玉付き年賀はがき
- ・三公社の援助

に関する規定がありました。

これに加えて、「日本住宅公団」(現在の都市再生機構)が各国の選手・役員、報道関係者用の住宅を組織委員会に賃貸できると規定されていました。

札幌オリンピック冬季大会の準備等のために必要な特別措置に関する法律(昭和42年法律第86号)
第6条
　日本住宅公団は、〔…略…〕大会に参加する各国の選手及び選手団の役員並びに〔…略…〕報道関係者の居住の用に供される住宅及び当該居住者の利便に供される施設を、組織委員会に対し、〔…略…〕賃貸することができる。〔…略…〕

次に、長野オリンピックの際は、**「長野オリンピック冬季競技大会の準備及び運営のために必要な特別措**

置に関する法律」（平成4年法律第52号）が作られました。

　この法律には、お年玉付き年賀はがきに関する規定はありましたが、国有財産の無償使用についての規定はありませんでした。

　また、このときは3つの公社は既に民営化されていたため、公社による援助の規定もありませんでした。

　このように、4つのオリンピックについて、法律に定められている内容が少しずつ異なっています。

法律で定められている記念日

○「山の日」が祝日に

2016(平成28)年から8月11日が「山の日」として祝日になりましたね。

これは、**「国民の祝日に関する法律」**に定められています。

> **国民の祝日に関する法律(昭和23年法律第178号)**
> **第2条**
> 　「国民の祝日」を次のように定める。
> 　　〔…略…〕
> 　山の日　8月11日　山に親しむ機会を得て、山の恩恵に感謝する。
> 　　〔…略…〕
> **第3条**
> 　「国民の祝日」は、休日とする。

○祝日以外にも、記念日がある

祝日となっている日以外にも、法律で定められている記念日がいくつかあります。条文とともに紹介します。

・4月23日……「子ども読書の日」

子どもの読書活動の推進に関する法律（平成 13 年法律第 154 号）
第 10 条第 1 項
　国民の間に広く子どもの読書活動についての関心と理解を深めるとともに、子どもが積極的に読書活動を行う意欲を高めるため、子ども読書の日を設ける。
第 2 項
　子ども読書の日は、4 月 23 日とする。

・5 月 5 日……「自転車の日」

自転車活用推進法（平成 28 年法律第 113 号）
第 14 条第 1 項
　国民の間に広く自転車の活用の推進についての関心と理解を深めるため、自転車の日及び自転車月間を設ける。
第 2 項
　自転車の日は 5 月 5 日とし、自転車月間は同月 1 日から同月 31 日までとする。

※現在未施行（施行日：公布の日（平成 28 年 12 月 16 日）から起算して 6 か月を超えない範囲内において政令で定める日）。

・6 月 5 日……「環境の日」

環境基本法（平成 5 年法律第 91 号）
第 10 条第 1 項
　事業者及び国民の間に広く環境の保全についての関心と理

解を深めるとともに、積極的に環境の保全に関する活動を行う意欲を高めるため、環境の日を設ける。
第2項
　環境の日は、6月5日とする。

・8月1日……「水の日」

水循環基本法（平成26年法律第16号）
第10条第1項
　国民の間に広く健全な水循環の重要性についての理解と関心を深めるようにするため、水の日を設ける。
第2項
　水の日は、8月1日とする。

・9月15日……老人の日

老人福祉法（昭和38年法律第133号）
第5条第1項
　国民の間に広く老人の福祉についての関心と理解を深めるとともに、老人に対し自らの生活の向上に努める意欲を促すため、老人の日及び老人週間を設ける。
第2項
　老人の日は9月15日とし、老人週間は同日から同月21日までとする。

　なお、「敬老の日」は9月の第3月曜日とされています（**「国民の祝日に関する法律」**）。

・10月1日……「国際音楽の日」

音楽文化の振興のための学習環境の整備等に関する法律(平成6年法律第107号)
第7条第1項
　国民の間に広く音楽についての関心と理解を深め、積極的に音楽学習を行う意欲を高揚するとともに、国際連合教育科学文化機関憲章(昭和26年条約第4号)の精神にのっとり音楽を通じた国際相互理解の促進に資する活動が行われるようにするため、国際音楽の日を設ける。
第2項
　国際音楽の日は、10月1日とする。

・10月27日……「文字・活字文化の日」

文字・活字文化振興法(平成17年法律第91号)
第11条第1項
　国民の間に広く文字・活字文化についての関心と理解を深めるようにするため、文字・活字文化の日を設ける。
第2項
　文字・活字文化の日は、10月27日とする。

・11月1日……「古典の日」

古典の日に関する法律(平成24年9月5日号外法律第81号)
第3条第1項
　国民の間に広く古典についての関心と理解を深めるように

するため、古典の日を設ける。
第2項
　古典の日は、11月1日とする。

・11月5日……「津波防災の日」

津波対策の推進に関する法律（平成23年法律第77号）
第15条第1項
　国民の間に広く津波対策についての理解と関心を深めるようにするため、津波防災の日を設ける。
第2項
　津波防災の日は、11月5日とする。

・11月10日……「無電柱化の日」

無電柱化の推進に関する法律（平成28年法律第112号）
第10条第1項
　国民の間に広く無電柱化の重要性についての理解と関心を深めるようにするため、無電柱化の日を設ける。
第2項
　無電柱化の日は、11月10日とする。

　なお、ここで挙げた記念日のほとんどについて、国及び地方公共団体は、それぞれの記念日に、その趣旨にふさわしい行事が実施されるよう努めるものと規定されています。

「市制施行」の「市制」とは①

郷土の歴史に関する年表を見ると、「昭和〇〇年市制施行」と書かれていたりします。

この「市制施行」という言葉を見て、「この年に市になったんだな……」ぐらいにしか思っていなかったのですが、改めて、「市制」って何だろう？ と思い、調べてみました。

〇「市制」という題名の法律だった

すると、1888（明治21）年に、**「市制」**という法律が定められていたことが分かりました。

この**「市制」**には、市民の権利・義務や、市議会議員の選挙の手続き、市議会の権限、市長を決める方法、市長の事務など、多岐にわたる規定が置かれていました。

「市制」は、何度か改正された後、1947（昭和22）年に施行された**「地方自治法」**に役目をゆずり、廃止されました。

それでは、制定当初の条文をいくつか見てみましょう。

○どの土地で施行されるか

第1条と第126条では、この法律は別途内務大臣が指定する土地で施行されるものと定められています。

> **市制（明治21年法律第1号）**
> **第1条**
> 　此法律ハ市街地ニシテ郡ノ区域ニ属セス別ニ市ト為スノ地ニ施行スルモノトス
> **第126条**
> 　此法律ハ明治二十二年四月一日ヨリ地方ノ情況ヲ裁酌シ府県知事ノ具申ニ依リ内務大臣指定スル地ニ之ヲ施行ス

○市の権利と義務

第2条では、市は、一個人と同様に、権利を有し、義務を負担すると書かれています。

> **市制（明治21年法律第1号）**
> **第2条**
> 　市ハ法律上一個人ト均ク権利ヲ有シ義務ヲ負担シ凡市ノ公共事務ハ官ノ監督ヲ受ケテ自ラ之ヲ処理スルモノトス

○市民の権利と義務

第6条では、市民（法律上は「市住民」と呼ばれていました）は公共の建物・財産を共有し、市の負担を分担して負う義務があるとされています。

> **市制（明治21年法律第1号）**
> **第6条第2項**
> 　凡市住民タル者ハ此法律ニ従ヒ公共ノ営造物並市有財産ヲ共有スルノ権利ヲ有シ及市ノ負担ヲ分任スルノ義務ヲ有スルモノトス但特ニ民法上ノ権利及義務ヲ有スル者アルトキハ此限ニ在ラス

○市長は内務大臣から天皇に上奏して選ばれる

　市長の任期は6年で、市議会が候補者3名を内務大臣に推薦し、内務大臣から天皇に上奏して、天皇の裁可により決定されることとされていました。

> **市制（明治21年法律第1号）**
> **第50条**
> 　市長ハ有給吏員トス其任期ハ六年トシ内務大臣市会ヲシテ候補者三名ヲ推薦セシメ上奏裁可ヲ請フ可シ若シ其裁可ヲ得サルトキハ再推薦ヲ為サシム可シ再推薦ニシテ猶裁可ヲ得サルトキハ追テ推薦セシメ裁可ヲ得ルニ至ルノ間内務大臣ハ臨時代理者ヲ選任シ又ハ市費ヲ以テ官吏ヲ派遣シ市長ノ職務ヲ管掌セシム可シ

○市長は警察の事務も管理していた

　市長が担当する事務についての規定もあります。

　それを見ると、警察の事務も市長の所管となっていました。

市制(明治21年法律第1号)
第74条第1項
　市長ハ法律命令ニ従ヒ左ノ事務ヲ管掌ス
　一　司法警察補助官タルノ職務及法律命令ニ依テ其管理ニ属スル地方警察ノ事務但別ニ官署ヲ設ケテ地方警察事務ヲ管掌セシムルトキハ此限ニ在ラス
〔…略…〕

「市制施行」の「市制」とは②

引き続き、1888（明治21）年当時の**「市制」**の条文を見ていきます。

当時、市議会議員の選挙については、現在とは異なる仕組みがとられていました。

例えば、得票数が同じ場合は年上の人が当選になる、という決まりもありました。今とはずいぶん違いますね。

それでは条文を見ていきましょう。

○選挙権がある人

第7条では、市民のうち2年以上居住し、納税しているなどの条件を満たす25歳以上の男子を「市公民」と呼んでいます。

そして、第8条で、市公民には選挙に参加する権利があることなどが規定されています。

市制（明治21年法律第1号）
第7条第1項
　凡帝国臣民ニシテ公権ヲ有スル独立ノ男子二年以来（一）市ノ住民トナリ（二）其市ノ負担ヲ分任シ及（三）其市内ニ於テ地租ヲ納メ若クハ直接国税年額二円以上ヲ納ムル者ハ其市公民トス其公費ヲ以テ救助ヲ受ケタル後二年ヲ経サル者ハ此限ニ在ラス但場合ニ依リ市会ノ議決ヲ以テ本条ニ定ムルニ

ヶ年ノ制限ヲ特免スルコトヲ得
第2項
　此法律ニ於テ独立ト称スルハ満二十五歳以上ニシテ一戸ヲ構ヘ且治産ノ禁ヲ受ケサル者ヲ云フ
第8条第1項
　凡市公民ハ市ノ選挙ニ参与シ市ノ名誉職ニ選挙セラルヽノ権利アリ又其名誉職ヲ担任スルハ市公民ノ義務ナリトス

〇選挙をする人は、納税額によって3グループに分かれる

　第11条から第29条までは、市議会議員の選挙について、詳しい規定が書かれています。

　まず、選挙をする人は、納税額の高い人から順に3つの級に区分され、それぞれが市会議員の3分の1を選挙するとされています。

市制（明治21年法律第1号）
第13条第1項
　選挙人ハ分テ三級ト為ス
第2項
　選挙人中直接市税ノ納額最多キ者ヲ合セテ選挙人総員ノ納ムル総額ノ三分一ニ当ル可キ者ヲ一級トス
第3項
　一級選挙人ノ外直接市税ノ納額多キ者ヲ合セテ選挙人総員ノ納ムル総額ノ三分一ニ当ル可キ者ヲ二級トシ而余ノ選挙人ヲ三級トス
〔…略…〕

第5項
　選挙人毎級各別ニ議員ノ三分一ヲ選挙ス其被選挙人ハ同級内ノ者ニ限ラス三級ニ通シテ選挙セラルヽコトヲ得

◯市会議員の任期は6年

　市会議員の任期は6年で、3年ごとに半数を改選するとされています。

市制（明治21年法律第1号）
第16条第1項
　議員ハ名誉職トス其任期ハ六年トシ毎三年各級ニ於テ其半数ヲ改選ス若シ各級ノ議員二分シ難キトキハ初回ニ於テ多数ノ一半ヲ解任セシム初回ニ於テ解任ス可キ者ハ抽籤ヲ以テ之ヲ定ム

◯自分では投票箱に入れない

　選挙の手続きについても、色々な規定があります。

　第22条には、投票の仕方が書かれています。

　現在の選挙では、まず投票所に入った時に選挙人名簿で確認を受け、それから投票用紙に記入して、自分で投票箱に入れますね。

　一方、「**市制**」の当時は、まず投票用紙に記入し、封をして「掛長」に渡すことになっていました。

　渡す際に自分の氏名を告げ、「掛長」が選挙人名簿を確認して受け取り、封をしたまま投票箱に入れる

……という手順でした。

直接自分で投票箱に入れなかったのですね。

市制（明治 21 年法律第 1 号）
第 22 条第 1 項
　選挙ハ投票ヲ以テ之ヲ行フ投票ニハ被選挙人ノ氏名ヲ記シ封緘ノ上選挙人自ラ掛長ニ差出ス可シ但選挙人ノ氏名ハ投票ニ記入スルコトヲ得ス
第 2 項
　選挙人投票ヲ差出ストキハ自己ノ氏名及住所ヲ掛長ニ申立テ掛長ハ選挙人名簿ニ照シテ之ヲ受ケ封緘ノ侭投票函ニ投入ス可シ但投票函ハ投票ヲ終ル迄之ヲ開クコトヲ得ス

○得票数が同じなら、年上が当選

当選者の決定についても、現在の選挙制度とは異なる点があります。

目を引くのは、得票数が同じ場合は、年長者が当選するとされている点です。

市制（明治 21 年法律第 1 号）
第 25 条第 1 項
　議員ノ選挙ハ有効投票ノ多数ヲ得ル者ヲ以テ当選トス投票ノ数相同キモノハ年長者ヲ取リ同年ナルトキハ掛長自ラ抽籤シテ其当選ヲ定ム

○市議会は傍聴できる

第 30 条から第 48 条までは、市議会の権限などにつ

いての規定が置かれています。

市制(明治21年法律第1号)
第30条
　市会ハ其市ヲ代表シ此法律ニ準拠シテ市ニ関スル一切ノ事件並従前特ニ委任セラレ又ハ将来法律勅令ニ依テ委任セラルヽ事件ヲ議決スルモノトス

当時も、市議会は傍聴できるものとされていました。

市制(明治21年法律第1号)
第45条
　市会ノ会議ハ公開ス但議長ノ意見ヲ以テ傍聴ヲ禁スルコトヲ得

2

ようこそ、「法鉄」の世界へ

> 鉄道開業当時、どんな決まりがあった？

　鉄道の好きな方は大勢いらっしゃいますが、一口に「鉄道ファン」といっても、興味の向かうところは人それぞれ異なるようです。

　鉄道にたくさん乗る人、車両の研究をする人、写真撮影をする人、切符を収集する人、時刻表が好きな人……。

　そこで、この本では、「法律」という視点から鉄道を見てみたいと思います。

　名づけて「法鉄」。あなたも「法鉄」と名乗ってみませんか？

○鉄道が開通した当時の決まり「鉄道略則」

　1872（明治5）年に日本で初めての鉄道（新橋―横浜間）が正式開業した当時、日本にはまだ「法律」と名の付くものはありませんでした。

　国の作る決まりに「法律」という名が付けられるようになったのは、鉄道開業の14年後、1886（明治

19）年のことです。

鉄道の開業当時は、「太政官布告」という決まりによって、鉄道に関する規定が示されていました。

鉄道に関する最初の太政官布告は、**「鉄道略則」**というもので、1872（明治5）年の2月に定められました。

その後、5月に多少内容が改められ、10月14日の正式開業を迎えたのですが、さて、この「鉄道略則」には、どんなことが書かれていたのでしょうか。

◯まず賃金を払い、手形を受け取るべし

「鉄道略則」の最初には、

・鉄道の列車で旅行しようとする人は、まず賃金を払い、手形を受け取らなければいけない
・そうでなければ、決して列車に乗ってはいけない

ということが書かれていました。

鉄道略則（明治5年太政官布告第146号）〔同年5月改正後の条文〕
第1条　賃金之事
　何人ニ不限鉄道ノ列車ニテ旅行セント欲スル者ハ先賃金ヲ払ヒ手形ヲ受取ルヘシ然ラサレハ決テ列車ニ乗ル可ラス

◯駅は「ステーション」と呼ばれていた

「鉄道略則」では、列車が停まる場所は「駅」では

なく「ステーション」と呼ばれていました。ちょっとカッコいいですね。

「ステーション」とは、「列車が停まる場所で、お客さんが乗り降りしたり、荷物の積み下ろしをするところ」であると定義されていました。

> **鉄道略則（明治5年太政官布告第146号）**〔同年5月改正後の条文〕
> **第2条**　手形検査及渡方ノ事
> 〔…略…〕「ステーシヨン」トハ列車ノ立場ニテ旅客ノ乗リ下リ荷物ノ積ミ下ロシヲ為ス所ヲ云フ〔…略…〕

○列車が動いている時に乗り降りしてはいけません

列車が動いている時に出入りをしてはいけない、という決まりも書かれています。

当時の鉄道は、時速30キロ程度だったとか。ゆっくり走っているときは、乗り降りしようと思えばできてしまったのでしょう。

> **鉄道略則（明治5年太政官布告第146号）**〔同年5月改正後の条文〕
> **第5条**　列車運転中出入禁止ノ事
> 総シテ列車ノ運転中ニ出入スルコト又ハ車内旅客ノ居ルヘキ場所ノ外ニ乗ルコトヲ禁ス

○車内で発砲してはいけません

車内、線路、駅構内で発砲してはいけない、という規定もあります。

> **鉄道略則（明治5年太政官布告第146号）**〔同年5月改正後の条文〕
> **第15条** 砲発ヲ禁スル事
> 　何人ニ不限車内ハ勿論鉄道線及其他構内ニテ砲発スルヲ禁ス

以上、鉄道開業当時の規則でした。

「鉄道」という言葉が登場する法律

続いて、「鉄道」という言葉がどんな法律に使われているか、見てみましょう。

○「鉄道」という言葉は、約 200 件の法律に登場する

「鉄道」という言葉が使われている法律を探してみると、約 200 件ありました。

鉄道事業や鉄道設備に関する法律はもちろん、運送や観光、建築、防災、運輸行政、都市整備、地域振興、税金、また、裁判、医療、労働分野まで、あらゆる分野の法律に「鉄道」が登場します。

今回は、そのうちいくつかの法律をご紹介します。

○日本赤十字社に協力しよう

「日本赤十字社法」 には、日本赤十字社が救護業務を迅速・適正に実施できるように、鉄道事業者は、人や物資の輸送に協力するよう努めなければならない……ということが定められています。

日本赤十字社法（昭和 27 年法律第 305 号）
第 34 条第 1 項
　鉄道事業者その他運送又は運送取扱を業とする者は、日本

赤十字社が迅速かつ適正に救護業務を実施することができるように、救護員又は救護用の物資の運送に関し、便宜を与えるように努めなければならない。

○裁判の証人には、鉄道運賃を支払います

裁判の費用について定めた法律には、証人として出廷する人に、鉄道運賃を支払うことが書かれています。

民事訴訟費用等に関する法律（昭和46年法律第40号）
第21条第1項
 旅費は、鉄道賃、船賃、路程賃及び航空賃の四種とし、鉄道賃は鉄道の便のある区間の陸路旅行に〔…略…〕について支給する。

刑事訴訟費用等に関する法律（昭和46年法律第41号）
第3条第1項
 証人等の旅費は、鉄道賃、船賃、路程賃及び航空賃の四種とし、鉄道賃は鉄道の便のある区間の陸路旅行に〔…略…〕について支給する。

また、この規定に続いて、急行料金などの取扱いについても書かれています。
具体的には、
・片道50キロメートル以上の区間なら、急行・準急行の料金も対象
・片道100キロメートル以上の区間なら、特急料金も

対象
とされています。

〇高速道路と鉄道は、立体交差にしなければならない
　高速道路について定めている**「高速自動車国道法」**には、高速道路と鉄道とは立体交差でなければならないと書かれています。
　高速道路と鉄道が立体交差でなかったら怖いですが、ちゃんと法律に書かれているのですね。

> **高速自動車国道法（昭和 32 年法律第 79 号）**
> **第 10 条**
> 　高速自動車国道と道路、鉄道、軌道、一般自動車道又は交通の用に供する通路その他の施設とが相互に交差する場合においては、当該交差の方式は、立体交差としなければならない。

〇外国からの観光客をおもてなししよう
　外国人観光客が日本を旅行しやすいようにするための**「外国人観光旅客の旅行の容易化等の促進による国際観光の振興に関する法律」**には、鉄道事業者などの公共交通事業者が、施設や車両で、外国語による情報提供をするように努めること、と規定されています。

外国人観光旅客の旅行の容易化等の促進による国際観光の振興に関する法律（平成9年法律第91号）
第2条第3項
　この法律において「公共交通事業者等」とは、次に掲げる者をいう。
　一　鉄道事業法（昭和61年法律第92号）による鉄道事業者〔…略…〕
第7条
　公共交通事業者等は、観光庁長官が定める基準に従い、その事業の用に供する旅客施設及び車両等について、外国人観光旅客が公共交通機関を円滑に利用するために必要と認められる外国語等による情報の提供を促進するための措置〔…略…〕を講ずるよう努めなければならない。

法律に登場する鉄道関係の物品あれこれ

「関税定率法」に登場する、鉄道関係の色々な物品を見てみましょう。

○「枕木」には、「染み込ませてないもの」と「その他のもの」の2種類ある

「関税定率法」の木製製品の箇所には「枕木」が登場します。

ここでは、「枕木」は次の2つに分類されています。
① 「染み込ませてないもの」
② 「その他のもの」
となっています。

これは何でしょうか……？

調べてみると、枕木に防腐処理をする場合は、油を染み込ませるようです。

それが染み込ませてあるかどうかで区別している、ということだと思われます。

関税定率法（明治43年法律第54号）
別表　関税率表〔抜粋〕
第44類　木材及びその製品並びに木炭

番　号	品　　名
44・06	木製の鉄道用又は軌道用の枕木
	染み込ませてないもの
4406・11	針葉樹のもの
4406・12	針葉樹以外のもの
	その他のもの
4406・91	針葉樹のもの
4406・92	針葉樹以外のもの

●レール

関税定率法には「レール」も登場します。

ただし、「レール」と一口に言っても、通常のレールの他に、「ガードレール」、「ラックレール」、「トングレール」といった種類があります。

「ガードレール」が鉄道にもあるとは初めて知りましたが、ネットで画像を見ると、「ああ、あれか！」と分かりました。

「トングレール」も、画像をご覧になればピンとくる方も多いのではないかと思います。

関税定率法（明治43年法律第54号）
別表　関税率表〔抜粋〕
第73類　鉄鋼製品

番　号	品　　名
73・02	レール、ガードレール、ラックレール及びトン

グレール、轍差(てつさ)、転轍棒(てつ)その他の分岐器の構成部分（鉄鋼製の建設資材で鉄道又は軌道の線路用のものに限る。）並びにまくら木、継目板、座鉄、座鉄くさび、ソールプレート、レールクリップ、床板、タイその他の資材で、レールの接続又は取付けに専ら使用するもの（鉄鋼製の建設資材で鉄道又は軌道の線路用のものに限る。）

○車両

次は車両です。

車両は、「自走式の車両かどうか」「外部電源で走る車両かどうか」という点から分類されているようです。

関税定率法（明治43年法律第54号）
別表　関税率表〔抜粋〕
第86類　鉄道用又は軌道用の機関車及び車両並びにこれらの部品、鉄道又は軌道の線路用装備品及びその部分品並びに機械式交通信号用機器（電気機械式のものを含む。）

番　号	品　名
86・01	鉄道用機関車（外部電源又は蓄電池により走行するものに限る。）
8601・10	外部電源により走行するもの
8601・20	蓄電池により走行するもの
86・02	その他の鉄道用機関車及び炭水車
8602・10	電気式ディーゼル機関車
8602・90	その他のもの
86・03	鉄道用又は軌道用の客車及び貨車（自走式の

	ものに限るものとし、第86・04項のものを除く。）
8603・10	外部電源により走行するもの
8603・90	その他のもの

86・05	
8605・00	鉄道用又は軌道用の客車（自走式のものを除く。）及び鉄道用又は軌道用の手荷物車、郵便車その他の特殊用途車（自走式のもの及び第86・04項のものを除く。）

　また、作業用・保守用の車両については、工作車、クレーン車、砂利突固め車、軌道整正車、検査車、軌道検測車というように、色々な車両が具体例として挙げられています。

関税定率法（明治43年法律第54号）
別表　関税率表〔抜粋〕
第86類

番　号	品　　名
86・04	
8604・00	鉄道又は軌道の保守用又は作業用の車両（自走式であるかないかを問わない。例えば、工作車、クレーン車、砂利突固め車、軌道整正車、検査車及び軌道検測車）

○信号機は、「電気機器」であるものと「機械式」のものに分類される

信号機は、電気機器であるものと、機械式のものとが、別々の箇所に分かれて規定されています。

関税定率法（明治43年法律第54号）
別表　関税率表〔抜粋〕
第85類　電気機器及びその部分品並びに録音機、音声再生機並びにテレビジョンの映像及び音声の記録用又は再生用の機器並びにこれらの部分品及び附属品

番　号	品　名
85・30	鉄道、軌道、道路、内陸水路、駐車施設、港湾設備又は空港の信号用、安全用又は交通管制用の電気機器（第86・08項のものを除く。）
8530・10	鉄道用又は軌道用の機器
8530・80	その他の機器
8530・90	部分品

第86類　鉄道用又は軌道用の機関車及び車両並びにこれらの部分品、鉄道又は軌道の線路用装備品及びその部分品並びに機械式交通信号用機器（電気機械式のものを含む。）

番　号	品　名
86・08 8608・00	信号用、安全用又は交通管制用の機械式機器（電気機械式のものを含むものとし、鉄道用、軌道用、道路用、内陸水路用、駐車施設用、港湾設備用又は空港用のものに限る。）及び鉄道又は軌道の線路用装備品並びにこれらの部分品

鉄道事業を運営するには①〜鉄道事業法

鉄道を運営しようとするときに必要になる法律を紹介します。

○「鉄道事業法」

鉄道事業をしようとする人にとってまず必要になるのが**「鉄道事業法」**です。

この法律では、鉄道事業を経営するときは、国土交通大臣の許可を受けなければならないと定められています。

鉄道事業法（昭和61年法律第92号）
第3条第1項
　鉄道事業を経営しようとする者は、国土交通大臣の許可を受けなければならない。

○鉄道事業者に義務づけられている手続き

また、鉄道事業の許可を受けた者（鉄道事業者）には、次のような手続きをとることが義務づけられています。

・鉄道施設の工事をしようとするときは、国土交通大臣の認可を受けること
・使用しようとする車両が国土交通省令で定める規程

に適合することについて、国土交通大臣の確認を受けること
・運賃の上限を定めて国土交通大臣の認可を受け、その範囲内で運賃を定めて届け出ること
・列車の運行計画を定め、国土交通大臣に届け出ること

　大学で行政法を学んだ方は、「許可」「認可」「確認」「届出」など、行政行為に関係する用語を勉強されたと思いますが、この**「鉄道事業法」**はそれらが盛りだくさんに規定されている法律なので、行政法のよい教材になるかもしれません。

〇安全な運行のために

　「鉄道事業法」には、安全な輸送を確保するための規定が設けられています。

　まず、鉄道事業者に対し、輸送の安全の確保が最も重要であることを自覚すること、そして、絶えず輸送の安全性の向上に努めることを義務づけています。

鉄道事業法（昭和61年法律第92号）
第18条の2
　鉄道事業者は、輸送の安全の確保が最も重要であることを自覚し、絶えず輸送の安全性の向上に努めなければならない。

　続いて、鉄道事業者に対し、

・「安全管理規程」を定めて、国土交通大臣に届け出ること
・「安全管理規程」には、輸送の安全を確保するための事業などについて定めること
・安全統括管理者を選任すること
・運転管理者を選任すること
などを義務づけています。

　これらの規定は、2005（平成17）年のJR福知山線での脱線事故を受けて、翌2006（平成18）年に**「運輸の安全性の向上のための鉄道事業法等の一部を改正する法律」**によって**「鉄道事業法」**の改正が行われ、設けられたものです。

○乗継ぎがスムーズにできるように

　鉄道事業者は、他の運送事業者と協力しあって、旅客の乗継ぎや荷物の引継ぎがスムーズにできるように努力しなければならない、と定められています。

鉄道事業法（昭和61年法律第92号）
第22条の2第1項
　鉄道事業者は、利用者の利便の増進を図るため、他の運送事業者その他の関係者と相互に協力して、連絡運輸、直通運輸その他の他の運送事業者の運送との間の旅客の乗継ぎ又は貨物の引継ぎを円滑に行うための国土交通省令で定める措置を講ずるよう努めなければならない。

この中で、特に、旅客の乗り継ぎをスムーズにするために鉄道施設の建設や改良を行う措置を「乗継円滑化措置」と呼んでいます。

そして、ある鉄道事業者が、そのような施設の建設・改良を行うために、他の鉄道事業者と協議したいと言ってきたら、言われた側の鉄道事業者は、原則として応じなければならないとされています。

> **鉄道事業法（昭和61年法律第92号）**
> **第22条の2 第2項**
> 　鉄道事業者が他の鉄道事業者に対し旅客の乗継ぎに係る前項の措置であつて鉄道施設の建設又は改良によるもの（以下「乗継円滑化措置」という。）に関する協議を求めたときは、当該他の鉄道事業者は、当該乗継円滑化措置により鉄道施設の有する機能に著しい支障を及ぼすおそれがあるときその他の国土交通省令で定める正当な理由がある場合を除き、これに応じなければならない。

◯鉄道事業を相続する

鉄道事業法には、鉄道事業の相続についての規定もあります。

法律上、個人でも鉄道事業者になれるため、個人で鉄道を運営している方が亡くなった場合の規定も置かれているわけですね。

それによると、鉄道事業者が亡くなった場合、相続人が引き続き鉄道事業を経営しようとするときは、亡

くなってから60日以内に、国土交通大臣の認可を受けなければならないとされています。

鉄道事業法（昭和61年法律第92号）
第27条第1項
　鉄道事業者が死亡した場合において、相続人〔…略…〕が被相続人の経営していた鉄道事業を引き続き経営しようとするときは、被相続人の死亡後60日以内に、国土交通大臣の認可を受けなければならない。

鉄道事業を運営するには②〜鉄道営業法

次に、実際に鉄道を営業する場面での色々な決まりが定められている**「鉄道営業法」**を紹介します。

この法律は1900(明治33)年に、先に紹介した**「鉄道略則」**に代わり制定されたものです。

○鉄道係員は、制服を着用しなければならない

旅客に対する職務を行う鉄道係員は、制服を着用しなければならないと規定されています。

> **鉄道営業法(明治33年法律第65号)**
> **第22条**
> 　旅客及公衆ニ対スル職務ヲ行フ鉄道係員ハ一定ノ制服ヲ著スヘシ

○運賃は、駅でお知らせしてからでないと、もらうことができない

運賃などの運送条件については、「停車場」で公告した後でなければ実施できないとされています。

> **鉄道営業法(明治33年法律第65号)**
> **第3条第1項**
> 　運賃其ノ他ノ運送条件ハ関係停車場ニ公告シタル後ニ非サレハ之ヲ実施スルコトヲ得ス

○貨物は、受け取った順番に送る

貨物は、原則として受け取った順番通りに運送しなければならないとされてます。

鉄道営業法（明治33年法律第65号）
第9条
　貨物ハ運送ノ為受取リタル順序ニ依リ之ヲ運送スルコトヲ要ス但シ運輸上正当ノ事由若ハ公益上ノ必要アルトキハ此ノ限ニ在ラス

○重病の人は、付添人がいないと乗車できない場合がある

重病の人で、付添人がいない人に対しては、乗車を断ることができるとされています。

鉄道営業法（明治33年法律第65号）
第4条第2項
　附添人ナキ重病者ノ乗車ハ之ヲ拒絶スルコトヲ得

○運賃を払って乗車券を受け取らないと、乗車できない

旅客は、原則として、運賃を支払って乗車券を受け取らなければ乗車できないとされています。

鉄道営業法（明治33年法律第65号）
第15条第1項

> 旅客ハ営業上別段ノ定アル場合ノ外運賃ヲ支払ヒ乗車券ヲ受クルニ非サレハ乗車スルコトヲ得ス

そして、有効な乗車券を持っていなかったり、乗車券の検査を拒否したりすると、退去させられることがあるとされています。

> **鉄道営業法（明治 33 年法律第 65 号）**
> **第 42 条第 1 項**〔抜粋〕
> 　左ノ場合ニ於テ鉄道係員ハ旅客及公衆ヲ車外又ハ鉄道地外ニ退去セシムルコトヲ得
> 　一　有効ノ乗車券ヲ所持セス又ハ検査ヲ拒ミ運賃ノ支払ヲ肯セサルトキ

○運賃の払い戻しは 1 年以内に

運賃の償還（払い戻し）は、1 年たつと時効で権利が消滅すると定められています。

> **鉄道営業法（明治 33 年法律第 65 号）**
> **第 14 条**
> 　運賃償還ノ債権ハ一年間之ヲ行ハサルトキハ時効ニ因リテ消滅ス

○禁煙の場所で喫煙すると、科料に処される

禁煙とされている場所で、制止されたのに喫煙する

と、科料（1万円未満）に処されると規定されています。

鉄道営業法（明治33年法律第65号）
第34条〔抜粋〕
　制止ヲ肯セスシテ左ノ所為ヲ為シタル者ハ十円以下ノ科料ニ処ス
　一　停車場其ノ他鉄道地内吸煙禁止ノ場所及吸煙禁止ノ車内ニ於テ吸煙シタルトキ

　この規定では「十円以下ノ科料」と書かれていますが、この部分は**「罰金等臨時措置法」**（昭和23年法律第251号）によって、額についての定めがないものとされています。
　そうすると、科料についてのおおもとの規定である**「刑法」**（明治40年法律第45号）の規定によって、1万円未満の額ということになります。

3

法律で全国めぐり

法律に最も多く登場する都道府県は?

47都道府県のうち、法律に最も多く登場するのはどこでしょう。

観光地の多いところ?

政府機関の多いところ?

産業の盛んなところ?

色々想像できますね。

調べたところ、

　第1位　北海道　163件
　第2位　東京都　118件
　第3位　沖縄県　50件
　第4位　茨城県　25件
　　　　　神奈川県 25件

となりました。

○第1位……北海道

第1位は北海道で、163件の法律に登場します。

この中では、国土交通省の北海道開発局長の事務に

ついて定めた法律が66件と、4割を占めています。

その他の例として**「北海道防寒住宅建設等促進法」**をご紹介します。

> 北海道防寒住宅建設等促進法（昭和28年法律第64号）
> 第1条
> 　この法律は、北海道における寒冷がはなはだしいことにかんがみ、防寒住宅の建設及び防寒改修を促進することにより、その気象に適した居住条件を確保し、もつて北海道の開発に寄与し、あわせて北海道における火災その他の災害の防止に資することを目的とする。

この法律には、北海道の気象に適した防寒住宅の研究や普及に対して国が支援を行うことが書かれています。

○第2位……東京都

第2位は東京都で、118件の法律に登場します。

この中で多いのが、公的な機関の所在地を東京都に置くという規定で、74件あります。

例えば、最高裁判所の所在地を定める**「裁判所法」**の規定は、次のようになっています。

裁判所法（昭和 22 年法律第 59 号）
第 6 条
　最高裁判所は、これを東京都に置く。

　そのほか、大都市の課題に対応するための法律に東京都が登場しています。
　そのうちの一つ、**「住生活基本法」** を見てみましょう。

住生活基本法（平成 18 年法律第 61 号）
第 15 条第 1 項
　政府は、〔…略…〕住生活の安定の確保及び向上の促進に関する施策の総合的かつ計画的な推進を図るため、国民の住生活の安定の確保及び向上の促進に関する基本的な計画（以下「全国計画」という。）を定めなければならない。
第 2 項
　全国計画は、次に掲げる事項について定めるものとする。
〔…略…〕
　五　東京都、大阪府その他の住宅に対する需要が著しく多い都道府県として政令で定める都道府県における住宅の供給等及び住宅地の供給の促進に関する事項
〔…略…〕

○第 3 位……沖縄県

　第 3 位は沖縄県で、50 件の法律に登場します。例を見てみましょう。

沖縄の復帰に伴う特別措置に関する法律（昭和46年法律第129号）
第1条
　この法律は、沖縄の復帰に伴い、本邦の諸制度の沖縄県の区域における円滑な実施を図るために必要な特別措置を定めるものとする。

○第4位……茨城県、神奈川県

　第4位は茨城県、神奈川県の2県で、どちらも25件の法律に書かれています。その中では、研究機関などの所在地として定められている例が多く見られます。

国立研究開発法人物質・材料研究機構法（平成11年法律第173号）
第5条
　機構は、主たる事務所を茨城県に置く。

独立行政法人国立特別支援教育総合研究所法（平成11年法律第165号）
第4条
　研究所は、主たる事務所を神奈川県に置く。

都道府県の境界は法律にどう書かれている?

みなさん、一番印象的な形をしている都道府県は、どれだと思いますか?

ひとそれぞれですが、私は「青森県」の形がかっこいい!と常々思っております。

さて、この都道府県の境界ですが、法律にはどう書かれているのでしょうか?

○地方自治法にはこう書かれている

こういうことは地方自治のおおもとを定めている**「地方自治法」**に書かれているだろうと思い、見てみました。すると……

> 地方自治法(昭和 22 年法律第 67 号)
> 第 5 条第 1 項
> 　普通地方公共団体の区域は、従来の区域による。

と、シンプルな規定が置かれています。

「従来」っていつからなんだろう……と気になりますが、これは、昭和 22 年に地方自治法が施行された時に、それまでの都道府県の区域をそのまま使うことにしたことを意味しています。

○長野県・岐阜県の県境が変更された事例

 そうすると、では、県境が変更された時はどう処理するんだろう……というのが気になります。

 2005（平成17）年2月13日に、長野県木曽郡山口村が岐阜県中津川市に編入され、それに伴い岐阜県と長野県の県境が変更されたことが話題になりました。

 この県境変更は、地方自治法第7条3項の規定に基づき、総務大臣が定め、総務省の告示という形で示されました。

地方自治法（昭和22年法律第67号）
第7条第3項
　都道府県の境界にわたる市町村の設置を伴う市町村の廃置分合又は市町村の境界の変更は、関係のある普通地方公共団体の申請に基づき、総務大臣がこれを定める。

県の境界にわたる市村の廃置分合（平成17年1月25日総務省告示第123号）
　地方自治法（昭和22年法律第67号）第7条第3項の規定により、長野県木曽郡山口村を廃し、その区域を岐阜県中津川市に編入することとしたので、同条第6項の規定に基づき、告示する。
　右の処分は、平成17年2月13日からその効力を生ずるものとする。

第 3 章

「法律」じゃないけれど「法律」
ちょっと意外な法律の"ルール"

1 法律にまつわるこんなルール

> 日本国憲法の最後には、何が書いてある?

「日本国憲法」といえば、前文や第9条などが有名ですね。そらんじている方もいらっしゃるかもしれません。

それでは、日本国憲法の最後には、何が書かれているでしょうか。

ここでは、最後に置かれている、第100条から第103条までを紹介します。

「憲法の最後? 何が書いてあったかな?」という方も多いかと思います。

これは「補則」といって、憲法をいつ施行するかということや、公布から施行までの間の準備についての規定などが書かれています。

○「日本国憲法」第100条……5月3日が憲法記念日になった理由

日本国憲法(昭和21年11月3日)

> **第100条第1項**
> この憲法は、公布の日から起算して6箇月を経過した日から、これを施行する。
> **第2項**
> この憲法を施行するために必要な法律の制定、参議院議員の選挙及び国会召集の手続並びにこの憲法を施行するために必要な準備手続は、前項の期日よりも前に、これを行ふことができる。

　第100条は、まず第1項で施行日を定め、第2項で施行日前でもできる行為を定めています。

　第1項で、公布から6か月を経過した日から施行するとしているため、日本国憲法は、公布された1946（昭和21）年11月3日のちょうど6か月後の、1947（昭和22）年5月3日に施行されたわけです。

　とはいえ、施行したらすぐに、新しい仕組みの下で国を運営していかなければならないため、第2項で、施行日までの6か月間に、準備のために法律を作ったり、国会議員の選挙をしたりできるということが規定されています。

○「日本国憲法」第101条……参議院が成立するまでの間、どうする？

> 日本国憲法（昭和21年11月3日）
> 第101条

> この憲法施行の際、参議院がまだ成立してゐないときは、その成立するまでの間、衆議院は、国会としての権限を行ふ。

　もともと、国会（帝国議会）には衆議院と貴族院があり、参議院は、日本国憲法で初めて規定されたものでした。
　そこで、憲法施行の際にまだ参議院が成立していないときは、成立するまでの間は衆議院が国会としての権限を行うという規定が設けられました。
　実際は、施行される前の4月20日に第1回参議院議員選挙が行われ、それ以後衆参ともに5月20日に新憲法下での最初の会議が開かれたため、この規定が使われることはありませんでした。

〇日本国憲法第102条……最初の参議院議員の任期は？

> **日本国憲法（昭和21年11月3日）**
> **第102条**
> 　この憲法による第1期の参議院議員のうち、その半数の者の任期は、これを3年とする。その議員は、法律の定めるところにより、これを定める。

　参議院議員の任期は6年で、3年ごとに半数ずつが改選されています。

そうすると、最初の参議院議員の任期をどうするのかが問題になります。

この第102条により、半数の議員は任期を3年としていたわけです。

○日本国憲法第103条……憲法施行の際に在職していた大臣はどうなった？

日本国憲法（昭和21年11月3日）
第103条
　この憲法施行の際現に在職する国務大臣、衆議院議員及び裁判官並びにその他の公務員で、その地位に相応する地位がこの憲法で認められてゐる者は、法律で特別の定をした場合を除いては、この憲法施行のため、当然にはその地位を失ふことはない。但し、この憲法によつて、後任者が選挙又は任命されたときは、当然その地位を失ふ。

日本国憲法には、国務大臣、国会議員、裁判官などの公務員に関する規定があります。

それが施行される前からこれらの地位にあった人は、施行後も、後任者が決まるまでは引き続きその地位にあるということが、第103条で定められています。

法律の条文に著作権はある？

　他人の書いた文章を、自分だけで使う目的以外で勝手に丸写しすることはできません。

　それは、書いた人に著作権があるからです。

　さて、法律の条文も書いた人たちがいるわけですが、その人たちには、書いた条文について著作権があるのでしょうか。

○「著作権法」を見てみると

　著作権について定めている**「著作権法」**には、憲法や法律などは、著作権の対象にならないと書かれています。

> **著作権法（昭和45年法律第48号）**
> **第13条**〔抜粋〕
> 　次の各号のいずれかに該当する著作物は、この章の規定による権利の目的となることができない。
> 　一　憲法その他の法令

　この規定により、法律の条文は自由に引用できることになります。

○判決文も著作権の対象外

この規定の後には、裁判所が出す判決文も著作権の対象外であることが書かれています。

著作権法（昭和45年法律第48号）
第13条〔抜粋〕
　三　裁判所の判決、決定、命令及び審判〔…略…〕

というわけで、裁判所の判決文も自由に引用できることになります。

○法律や判決を集めて作った本は？

さらにその後の規定をみると、国などが法律や判決を収録した本を作った場合も、著作権の対象外とされています。

著作権法（昭和45年法律第48号）
第13条〔抜粋〕
　四　前３号に掲げるものの翻訳物及び編集物で、国若しくは地方公共団体の機関、独立行政法人又は地方独立行政法人が作成するもの

ただし、民間の出版社が、法律や裁判所の判決を編集して本を出版したときは、その編集した内容については著作権の対象になります。

法律を廃止するときも、法律を作る

社会の情勢や政策の方針が変わると、それまで使われていた法律は改正されたり廃止されたりします。

では、法律を廃止するときには、どのような手続きをとるのでしょうか。

実は、法律を廃止するときも法律を作ります。

◯法律を廃止する法律

例を見てみましょう。

> **独立行政法人日本万国博覧会記念機構法を廃止する法律（平成 25 年法律第 19 号）**
> 独立行政法人日本万国博覧会記念機構法（平成 14 年法律第 125 号）は、廃止する。

1970（昭和 45）年に開催された大阪万博の跡地を運営する法人であった「日本万国博覧会記念機構」が 2014（平成 26）年に解散し、大阪府などが事業を引き継ぎました（参考：財務省ウェブサイト　http://www.mof.go.jp/about_mof/agency/doppo/20140401.html）。

この法人は、**「独立行政法人日本万国博覧会記念機構法」**に基づいて設立されていましたが、解散に伴い、法律も廃止されました。

その際、法律を廃止するための法律が作られたわけです。

◯「法律を廃止する法律」に書かれていること

「法律を廃止する法律」には、法律を廃止するということだけでなく、廃止した後の色々な手続きなどについても書かれています。

先ほどの法律にも、「附則」として規定が置かれています。

> **独立行政法人日本万国博覧会記念機構法を廃止する法律（平成25年法律第19号）**
> **附則第2条第16項**
> 　前項の場合において、第1号勘定に属する積立金があるときは、旧機構法第12条第1項及び第6項の規定は、なおその効力を有するものとし、〔…略…〕。

法人が解散した後も、お金の処理をするのに必要な場合は、廃止された法律の中の関係規定が使われるということが書かれています。

住民投票で決まる法律

〇法律を作るのに、住民投票が必要な場合

法律はふつう、国会で可決されると成立します。これは**「日本国憲法」**の第59条に書かれています。

> 日本国憲法（昭和21年11月3日）
> 第59条第1項
> 　法律案は、この憲法に特別の定のある場合を除いては、両議院で可決したとき法律となる。

一方、その例外もあります。

> 日本国憲法（昭和21年11月3日）
> 第95条
> 　一の地方公共団体のみに適用される特別法は、法律の定めるところにより、その地方公共団体の住民の投票においてその過半数の同意を得なければ、国会は、これを制定することができない。

一つの地方公共団体のみに適用される法律を定めるには、住民投票で過半数の同意が必要であるとされています。

○住民投票を経た法律は 15 件

この手続きにしたがって作られた法律が 15 件あります（うち 1 件は現在廃止されています）。

①広島市、長崎市……平和記念都市、国際文化都市

最初の例は、広島と長崎の都市建設に関する法律です。

・広島平和記念都市建設法（昭和 24 年 8 月 6 日法律第 219 号）
・長崎国際文化都市建設法（昭和 24 年 8 月 9 日法律第 220 号）

これらは、広島を「平和記念都市」として、長崎を「国際文化都市」として建設するため、施設の計画を定め、国は援助を行う、ということを定めた法律です。

ちなみに、この 2 つの法律は、それぞれ原爆が投下された 8 月 6 日と 8 月 9 日に公布されました。

これらと同じように、住民投票を経て定められた法律は、現在までのところ、いずれも特定の都市について、都市建設を行うための計画策定、国の援助などを定めているものです。

②東京都……首都建設

次は、東京都を首都として計画・建設することを定めた法律です。

・首都建設法（昭和25年法律第219号）〔※現在は廃止〕

この法律の中に、住民投票を行うことが書かれています。

首都建設法（昭和25年法律第219号）〔※現在は廃止〕
附則第2項
　この法律は、日本国憲法第95条の規定により、東京都の住民の投票に付するものとする。

③横須賀市、呉市、佐世保市、舞鶴市……平和産業港湾都市

横須賀市、呉市、佐世保市、舞鶴市を「平和産業港湾都市」とする法律もあります。

・旧軍港市転換法（昭和25年法律第220号）

そのほか、以下の都市についてそれぞれ住民投票を経た法律が作られました。

④別府市、伊東市、熱海市、松山市……国際観光温泉文化都市

・別府国際観光温泉文化都市建設法（昭和25年法律第221号）
・伊東国際観光温泉文化都市建設法（昭和25年法律第222号）

- 熱海国際観光温泉文化都市建設法（昭和25年法律第233号）
- 松山国際観光温泉文化都市建設法（昭和26年法律第117号）

⑤**横浜市、神戸市……国際港都**
- 横浜国際港都建設法（昭和25年法律第248号）
- 神戸国際港都建設法（昭和25年法律第249号）

⑥**奈良市、京都市、松江市……国際文化観光都市**
- 奈良国際文化観光都市建設法（昭和25年法律第250号）
- 京都国際文化観光都市建設法（昭和25年法律第251号）
- 松江国際文化観光都市建設法（昭和26年法律第7号）

⑦**芦屋市……国際文化住宅都市**
- 芦屋国際文化住宅都市建設法（昭和26年法律第8号）

⑧**軽井沢町……国際親善文化観光都市**
- 軽井沢国際親善文化観光都市建設法（昭和26年法律第253号）

2

見つけた！レアもの法律

1月1日に公布された法律

○法律が公布される時期には偏りがある

　法律は国会で可決した後、官報に掲載されることで公布されます。

　現在、通常国会は1月下旬から6月下旬まで開かれ、秋に臨時国会が開かれる時も12月半ばには終わることが多いので、法律も年中まんべんなく公布されているわけではなく、よく公布される時期とあまり公布されない時期とがあります。

　例えば、2016（平成28）年の1年間に公布された法律の件数を月別に見てみると、次のようになります。
　1月　　7件
　2月　　1件
　3月　　15件
　4月　　10件
　5月　　18件

6月　23件
7月　 0件
8月　 0件
9月　 0件
10月　 1件
11月　17件
12月　23件

なお、通常国会の時期は、1991（平成3）年に**「国会法」**が改正されるまでは12月からとなっていたため、今とは事情が違っていたかもしれません。

国会法（昭和22年法律第79号）〔※平成3年法律第86号による改正前〕
第2条
　常会は、毎年12月中に召集するのを常例とする。

○1月1日に公布された法律はあるか

それでは、年の初めの1月1日に公布された法律は、どれくらいあるのでしょうか。

○明治38年、昭和23年、昭和25年

探してみたところ、1月1日に法律が公布された年は、
・明治38年　12件（旧相続税法など。いずれも廃

止・全部改正などのため、現在は使われていません。)
・昭和23年　1件（裁判所法の改正）
・昭和25年　1件（刑事補償法）
の三つがありました。

　このうち、旧**「相続税法」**は、1905（明治38）年の1月1日に公布されましたが、1947（昭和22）年に全文が改正され、さらに1950（昭和25）年にも全文が改正されました。

　そのため、現在の**「相続税法」**は「昭和25年3月31日法律第73号」とされています。

○現在使われている法律では1件のみ

　というわけで、現在使われている法律の中で、1月1日に公布されたものは**「刑事補償法」**（昭和25年1月1日法律第1号）のみになっています。

第3章 ●「法律」じゃないけれど「法律」 ちょっと意外な法律の"ルール"

「法律」じゃないけれど「法律」

法律は、国会が審議し、議決して作られるものです。

そして、法律の下には、法律に書かれていることを実施するために細かいことを定める「政令」や「省令」といったものがあります。

「政令」や「省令」は、国会で議決せず、内閣や各省の大臣が定めるもので、法律とは別物なのですが、中には「法律」として取り扱われているものがあります。

〇学校施設の確保に関する政令

「学校施設の確保に関する政令」という政令があります。

この政令は、1949（昭和24）年2月1日に、「政令第34号」として公布されました。

また、この政令の最初には、「内閣は〔…略…〕この政令を制定する」と書かれています。

そうすると、これは一見「政令」であるように思えます。

しかし、これは現在、「法律」として取り扱われています。

なぜでしょうか。

○話は「ポツダム宣言」にさかのぼる

「学校施設の確保に関する政令」は、元々**「ポツダム宣言の受諾に伴い発する命令に関する件」**（昭和20年勅令第542号）という勅令、いわゆる「ポツダム緊急勅令」に基づいて定められた政令です。

この「ポツダム緊急勅令」は、1952（昭和27）年に廃止されるのですが、その勅令に基づいて定められていた政令などは、180日間は「法律としての効力を有する」と定められました。

また、別途「存続に関する措置」をとれば、180日間の制限にとらわれず、効力を存続させられることも示されました。

> **ポツダム宣言の受諾に伴い発する命令に関する件の廃止に関する法律（昭和27年4月11日法律第81号）**
> **第2項**
> 勅令第542号〔※1〕に基く命令は、別に法律で廃止又は存続に関する措置がなされない場合においては、この法律施行の日〔※2〕から起算して180日間に限り、<u>法律としての効力を有する</u>ものとする。
>
> ※1　ポツダム緊急勅令のこと
> ※2　昭和27年4月28日

○効力を存続させる措置

つまり、**「学校施設の確保に関する政令」**は、その

ままだと、1952（昭和27）年4月28日から180日後には効力が無くなっていたはずなのですが、ここで、「存続に関する措置」がとられました。

それが、**「ポツダム宣言の受諾に伴い発する命令に関する件に基く文部省関係諸命令の措置に関する法律」**です。

その中で、**「学校施設の確保に関する政令」**は、「法律としての効力を有する」とされています。

> ポツダム宣言の受諾に伴い発する命令に関する件に基く文部省関係諸命令の措置に関する法律（昭和27年法律第86号）
> 第1条
> 　左に掲げる命令及び命令の規定は、日本国との平和条約の最初の効力発生の日〔※〕以後も、法律としての効力を有するものとする。
> 　一　学校施設の確保に関する政令（昭和24年政令第34号）
> 〔…略…〕
>
> ※昭和27年4月28日

という経緯で、**「学校施設の確保に関する政令」**は、「政令」と題していますが、「法律」として取り扱われているわけです。

実際、この「政令」は、これまでに10回改正されていますが、いずれも「法律」によって改正が行われました。

一例として、2006（平成18）年の**「地方自治法の一部を改正する法律」**によって改正された時の条文を見てみましょう。

> 地方自治法の一部を改正する法律（平成18年法律第53号）附則第27条
> 　学校施設の確保に関する政令（昭和24年政令第34号）の一部を次のように改正する。
> 　第13条中「官吏又は吏員若しくは」を「普通地方公共団体の長の補助機関である職員又は」に改める。

◯「出入国管理令」→「出入国管理及び難民認定法」

同じように、元は法律ではなかったけれども、現在は法律として取り扱われているものがいくつかあります。

「出入国管理及び難民認定法」（昭和26年政令第319号）もそのひとつです。

この**「出入国管理及び難民認定法」**は、もとは**「出入国管理令」**という題名の政令でしたが、**「学校施設の確保に関する政令」**と同様に、法律として効力が存続することとされ、1981（昭和56）年には、題名に「令」に代わって「法」という言葉が入りました。

難民の地位に関する条約等への加入に伴う出入国管理令その他関係法律の整備に関する法律(昭和 56 年法律第 86 号)
第 1 条
　出入国管理令(昭和 26 年政令第 319 号)の一部を次のように改正する。
　題名を次のように改める。
　　　出入国管理及び難民認定法
(…略…)

法律の使い方を決めている法律

　法律には、社会の色々な場面で使われる「決まり」が書かれています。

　では、法律自体の「使い方」はどこに書かれているのでしょうか。

　実は、法律の使い方に関する決まりが書かれている法律があります。それは、**「法の適用に関する通則法」**という法律です。

　条文を見てみましょう。

> 法の適用に関する通則法（平成18年法律第78号）
> 第1条
> 　この法律は、法の適用に関する通則について定めるものとする。

　このように、まず冒頭で、法律とはどのように使われるのかについての一般的な決まりを定めると宣言しています。

〇公布された法律は、いつから使われるか

　続いて、法律は、公布されてから20日を経過した日から施行する（＝実際に使い始める）と書かれています。

> **法の適用に関する通則法（平成 18 年法律第 78 号）**
> **第 2 条**
>   法律は、公布の日から起算して 20 日を経過した日から施行する。ただし、法律でこれと異なる施行期日を定めたときは、その定めによる。

　この規定は、公布された法律に、「いつから施行するか」が書かれていない時に生きてくるものですが、現在公布されるほとんどの法律には「いつから施行するか」が書かれています。

○「慣習」には、法律と同一の効力を持つものがある

　続いて、「慣習」の持つ効力について書かれています。

> **法の適用に関する通則法（平成 18 年法律第 78 号）**
> **第 3 条**
>   公の秩序又は善良の風俗に反しない慣習は、法令の規定により認められたもの又は法令に規定されていない事項に関するものに限り、法律と同一の効力を有する。

　法令の規定により認められた慣習や、法令に規定されていない事項に関する慣習は、法律と同一の効力を有するとされています。

◯どこの国の法律が使われるか

 複数の国にまたがる出来事について、どの国の法律が使われるか……についても書かれています。

> **法の適用に関する通則法（平成18年法律第78号）**
> **第7条**
> 　法律行為の成立及び効力は、当事者が当該法律行為の当時に選択した地の法による。

 複数の国にまたがる出来事については、当事者が「こちらの国の法律を使う」と決めた場合、その国の法律が使われることになります。

「金融庁設置法」に隠された「いろは歌」

〇「いろは歌」

「いろはにほへと　ちりぬるを……」から始まる「いろは歌」。

いろはにほへと　ちりぬるを　わかよたれそ　つねならむ　うゐのおくやま　けふこえて　あさきゆめみし　ゑひもせす

漢字を使うと、

色は匂へど　散りぬるを　我が世誰ぞ常ならむ　有為の奥山　今日越えて　浅き夢見し　酔ひもせず

となります。

47文字のひらがなを一度ずつ使って、この世の無常を詠んでいます。

さて、この「いろは歌」が、法律の中に隠れています。

〇金融庁設置法

それは**「金融庁設置法」**という法律です。

百聞は一見にしかず。条文を見てみましょう。

金融庁設置法（平成10年法律第130号）
第4条第1項〔抜粋〕

金融庁は、前条第１項の任務を達成するため、次に掲げる事務をつかさどる。
三　次に掲げる者の検査その他の監督に関すること。
　イ　銀行業又は無尽業を営む者
　ロ　銀行持株会社
　ハ　信用金庫〔…略…〕その他の預金又は貯金の受入れを業とする民間事業者
　ニ　銀行代理業〔…略…〕を行う者
　ホ　信用保証協会、農業信用基金協会及び漁業信用基金協会
　ヘ　保険業を行う者
　ト　保険持株会社
　チ　船主相互保険組合
　リ　金融商品取引業〔…略…〕を行う者
　ヌ　指定親会社〔…略…〕
　ル　金融商品債務引受業を行う者
　ヲ　証券金融会社
　ワ　投資法人
　カ　信用格付業者
　ヨ　金融商品市場を開設する者
　タ　金融商品取引所持株会社
　レ　認可金融商品取引業協会、認定金融商品取引業協会及び認定投資者保護団体
　ソ　取引情報蓄積機関〔…略…〕
　ツ　特定金融指標算出者〔…略…〕
　ネ　信託業〔…略…〕又は信託契約代理業を営む者
　ナ　貸金業を営む者
　ラ　貸金業協会
　ム　貸金業法〔…略…〕に規定する指定信用情報機関、〔…略…〕

ウ　特定金融会社等〔…略…〕
ヰ　特定目的会社、〔…略…〕
ノ　不動産特定共同事業を営む者
オ　確定拠出年金運営管理業を営む者
ク　指定紛争解決機関〔…略…〕
ヤ　前払式支払手段発行者
マ　資金移動業を営む者
ケ　資金清算業を行う者
フ　認定資金決済事業者協会

　これは、金融庁が監督を行う事業者などを列挙した条文です。
　冒頭のカタカナだけを縦に目で追うと、「イロハニホヘト……」と、「フ」まで詠めます。
　なお、この部分は2016（平成28）年に成立した改正により、もうひとつ増えて「コ」までとなる予定です。

※**「情報通信技術の進展等の環境変化に対応するための銀行法等の一部を改正する法律」**（平成28年法律第62号）附則第17条による改正。その公布の日（平成28年6月3日）から起算して1年を超えない範囲内において政令で定める日から施行。

○放送法

　次に長いと思われるのが、**「放送法」**（昭和25年法律第132号）です。
　第29条第1項に、日本放送協会（NHK）の経営委

員会の職務が、「イ」から「ノ」まで列挙されています。

条文は長いので省略します。

○最後まで行ってしまったら、その先は?

では、いろは歌の最後まで詠んでいるものはないのでしょうか。

告示まで範囲を広げて探してみると、最後の文字「ス」まで詠んで、さらに「ン」を使い、さらに「イイ」「イロ」……と続いている例があります。

それは、医療機関で診療が行われた際に保険から支払われるお金を計算するための、「診療報酬の算定方法」という告示です。

診療報酬の算定方法（平成 20 年厚生労働省告示第 59 号）
別表第 1　医科診療報酬点数表〔抜粋〕
第 1 章　基本診療料
　第 2 部　入院料等
　　第 1 節　入院基本料
A104　特定機能病院入院基本料（1 日につき）
注 8　当該病棟においては、〔…略…〕次に掲げる加算について、〔…略…〕算定できる。
　イ　臨床研修病院入院診療加算
　ロ　救急医療管理加算
　ハ　超急性期脳卒中加算（一般病棟に限る。）
　ニ　妊産婦緊急搬送入院加算

- ホ　在宅患者緊急入院診療加算
- ヘ　診療録管理体制加算
- ト　医師事務作業補助体制加算Ⅰ
- チ　急性期看護補助体制加算（一般病棟に限る。）
- リ　看護職員夜間配置加算（一般病棟に限る。）
- ヌ　乳幼児加算・幼児加算
- ル　難病等特別入院診療加算〔…略…〕
- ヲ　超重症児（者）入院診療加算・準超重症児（者）入院診療加算
- ワ　看護補助加算
- カ　地域加算
- ヨ　離島加算
- タ　療養環境加算
- レ　HIV感染者療養環境特別加算
- ソ　二類感染症患者療養環境特別加算
- ツ　重症者等療養環境特別加算（一般病棟に限る。）
- ネ　小児療養環境特別加算（一般病棟に限る。）
- ナ　無菌治療室管理加算（一般病棟に限る。）
- ラ　放射線治療病室管理加算（一般病棟に限る。）
- ム　緩和ケア診療加算（一般病棟に限る。）
- ウ　精神科措置入院診療加算（精神病棟に限る。）
- ヰ　精神科応急入院施設管理加算（精神病棟に限る。）
- ノ　精神科隔離室管理加算（精神病棟に限る。）
- オ　精神病棟入院時医学管理加算（精神病棟に限る。）
- ク　精神科地域移行実施加算（精神病棟に限る。）
- ヤ　精神科身体合併症管理加算（精神病棟に限る。）
- マ　精神科リエゾンチーム加算（一般病棟に限る。）
- ケ　強度行動障害入院医療管理加算〔…略…〕
- フ　重度アルコール依存症入院医療管理加算〔…略…〕
- コ　摂食障害入院医療管理加算〔…略…〕

- エ がん拠点病院加算（一般病棟に限る。）
- テ 栄養サポートチーム加算（一般病棟に限る。）
- ア 医療安全対策加算
- サ 感染防止対策加算
- キ 患者サポート体制充実加算
- ユ 褥瘡ハイリスク患者ケア加算
- メ ハイリスク妊娠管理加算
- ミ ハイリスク分娩管理加算（一般病棟に限る。）
- シ 総合評価加算（精神病棟を除く。）
- ヱ 呼吸ケアチーム加算（一般病棟に限る。）
- ヒ 後発医薬品使用体制加算
- モ 病棟薬剤業務実施加算Ⅰ
- セ データ提出加算
- ス 退院支援加算〔…略…〕
- ン 認知症ケア加算（一般病棟又は結核病棟に限る。）
- イイ 精神疾患診療体制加算（精神病棟を除く。）
- イロ 精神科急性期医師配置加算〔…略…〕
- イハ 薬剤総合評価調整加算

編著者プロフィール

第一法規 法律トリビア研究会
法律系出版社「第一法規」の社員有志による研究会。
日常生活ですぐ役立つ……とは限らない、法律に関するトリビアを発掘して、ブログで紹介しています。

アメーバブログ「いくつ知ってる？法律トリビア」
http://ameblo.jp/daiichihoki-triviablog/

カバーイラスト／ジェニー
カバーデザイン／コミュニケーションアーツ株式会社

法律って意外とおもしろい
法律トリビア大集合

平成29年3月25日　初版発行
平成29年4月10日　初版第2刷発行

編　著　　第一法規 法律トリビア研究会

発行者　　田　中　英　弥

発行所　　第一法規株式会社
　　　　　〒107-8560　東京都港区南青山2-11-17
　　　　　ホームページ　http://www.daiichihoki.co.jp/

法律トリビア　ISBN978-4-474-05776-0　C0230（0）